Wie man seinen Verstand benutzt

Der Anwalt, Kaufmann, Verleger und Autor, sowie Pionier der New Thought Bewegung William Walker Atkinson schrieb schätzungsweise 100 Bücher, alle in den letzten 30 Jahren seines Lebens. Er wurde in früheren Ausgaben des Who's Who in America, in Religious Leaders of America und in mehreren ähnlichen Publikationen erwähnt. Seine Werke sind mehr oder weniger kontinuierlich im Druck geblieben und immer noch Bestseller.

William Walker Atkinson

Wie man seinen Verstand benutzt

— Und seine Willenskraft stärkt. —
Ein praktisches Handbuch der Psychologie

Aus dem Englischen übertragen und
herausgegeben von
Klaus-Dieter Sedlacek

Es reicht nicht aus, nur einen gesunden Geist zu haben
- man muss auch lernen, ihn optimal zu nutzen, wenn
man geistig hochleistungsfähig werden will.

Ratgeber Lebensführung Bd. 5

Bibliografische Information der Deutschen Nationalbibliothek:
Die Deutsche Nationalbibliothek verzeichnet diese Publikation in der
Deutschen Nationalbibliografie; detaillierte bibliografische Daten
sind im Internet über dnb.dnb.de abrufbar

Übersetzung, Coverdesign, Satz in moderner Antiqua-Schrift:
Klaus-Dieter Sedlacek
https://toppbook.de

© 2020 Klaus-Dieter Sedlacek
Herstellung und Verlag: BoD – Books on Demand, Norderstedt

ISBN: 978-3-7504-2209-4

Inhaltsverzeichnis

I. Was ist der Geist?

Die PSYCHOLOGIE wird allgemein als die Wissenschaft des Geistes angesehen, obwohl sie richtigerweise die Wissenschaft der mentalen Zustände - Gedanken, Gefühle und Willensakten - ist. Früher war es Brauch, dass Schriftsteller, die sich mit dem Thema Psychologie beschäftigten, zunächst versuchten, die Natur des Geistes zu definieren und zu beschreiben, bevor sie zu einer Betrachtung des Themas der verschiedenen geistigen Abläufe und Aktivitäten übergingen. Aber neuere Autoritäten haben sich gegen diese Forderung aufgelehnt und behauptet, dass es nicht vernünftiger ist, die Psychologie für eine Erklärung der letztendlichen Natur des Geistes zu halten, als die physikalische Wissenschaft für eine Erklärung der letztendlichen Natur der Materie. Der Versuch, die letztendliche Natur von beiden zu erklären, ist vergeblich - es besteht in beiden Fällen keine tatsächliche Notwendigkeit für eine Erklärung. Die Physik kann die Phänomene der Materie erklären, und die Psychologie die Phänomene des Geistes, ohne Rücksicht auf die letztendliche Natur der Substanz von beiden.

Die Wissenschaft der Physik hat sich im vergangenen Jahrhundert stetig weiterentwickelt, ungeachtet der Tatsache, dass die Theorien über die letztendliche Natur der Materie in dieser Zeit revolutioniert wurden. Die Tatsachen der Phänomene der Materie bleiben bestehen, ungeachtet der Änderung der Theorie über die Natur der Materie selbst. Die Wissenschaft fordert und hält an den Fakten fest, wobei sie Theorien bestenfalls als Arbeitshypothesen betrachtet. Man hat gesagt, dass "Theorien nur die Blasen sind, mit denen sich die erwachsenen Kinder der Wissenschaft amüsieren". Die Wissenschaft hält mehrere gut unterstützte, wenn auch entgegengesetzte Theorien über die Natur der Elektrizität, aber die Fakten der Phänomene der Elektrizität und deren Anwendung wird von den streitenden Theoretikern vereinbart. Und so ist es auch mit der Psychologie; die Tatsachen über psychische Zustände werden vereinbart, und Methoden zur Entwicklung geistiger Kräfte werden effektiv angewendet, ohne Rücksicht darauf, ob der Geist ein Produkt des Gehirns ist oder das Gehirn nur ein Organ des Geistes. Die Tatsache, dass das Gehirn und das Nervensystem bei den Phänomenen des Denkens eingesetzt werden, wird von allen anerkannt, und das ist alles, was als Grundlage für die Wissenschaft der Psychologie notwendig ist.

Streitigkeiten über die letztendliche Natur des Geistes werden nun im Allgemeinen an die Philosophen und Metaphysiker weitergegeben, während die Psychologie ihre ganze Aufmerksamkeit dem Studium der Gesetze der geistigen Aktivitäten und der Entdeckung von Methoden der geistigen Entwicklung widmet. Sogar die Philosophie wird des ewigen "Warum" müde und widmet ihre Aufmerksamkeit dem "Wie" der Dinge. Der pragmatische Geist ist in das Feld der Philosophie eingedrungen und drückt sich in den Worten von Prof. William James aus, der sagte: "Pragmatismus ist die Haltung, von den ersten Dingen, Prinzipien, Kategorien, vermeintlichen Notwendigkeiten wegzuschauen; und auf die letzten Dinge, Früchte, Konsequenzen, Tatsachen zu schauen." Die moderne Psychologie ist im Wesentlichen pragmatisch in der Behandlung des Themas "Geist". Sie überlässt der Metaphysik die alten Argumente und Streitigkeiten über die letztendliche Natur des Geistes und verwendet all ihre Energien, wenn sie die Gesetze der mentalen Aktivitäten und Zustände entdeckt und Methoden entwickelt, mit denen der Geist trainiert werden kann, bessere und mehr Arbeit zu leisten, seine Energien zu erhalten und seine Kräfte zu konzentrieren. Für die moderne Psychologie ist der Verstand etwas, das man benutzen kann, nicht nur etwas, über das man spekulieren und theoretisieren kann. Während die Metaphysiker diese Tendenz beklagen, freuen sich die praktischen Menschen der Welt.

Definition von Geist.

Verstand wird definiert als "die Fähigkeit oder Macht, mit der denkende Wesen fühlen, denken und wollen." Diese Definition ist unzulänglich und zirkulärer Natur, aber das ist unvermeidlich, denn der Verstand kann nur in seinen eigenen Begriffen und nur durch Bezugnahme auf seine eigenen Prozesse definiert werden. Der Geist kann, außer in Bezug auf seine eigenen Aktivitäten, nicht definiert oder konzipiert werden. Er ist sich selbst nur durch seine Aktivitäten bekannt. Verstand ohne psychische Zustände ist eine bloße Abstraktion - ein Wort ohne ein entsprechendes mentales Bild oder Konzept. Sir William Hamilton drückte die Sache so klar wie möglich aus, als er sagte: "Was wir mit Geist meinen, ist einfach das, was wahrnimmt, denkt, fühlt, will und wünscht." Ohne das Wahrnehmen, Denken, Fühlen, Wollen und Wünschen ist es unmöglich, eine klare Vorstellung oder ein geistiges Bild des Geistes zu bilden; ohne seine Phänomene wird er zur geringsten Abstraktion.

"Denke über das, was denkt."

Die vielleicht einfachste Methode, die Idee von der Existenz und der Natur des Geistes zu vermitteln, ist die, die einem berühmten deutschen Psychologielehrer zugeschrieben wird, der seinen Kurs damit begann, seinen Schülern zu sagen, dass sie an etwas denken sollten, zum Beispiel an seinen Schreibtisch. Dann sagte er: "Denk an das, was über den Schreibtisch denkt." Dann, nach einer Pause, fügte er hinzu: "Das, was über den Schreibtisch denkt, und worüber Sie jetzt nachdenken, ist der Gegenstand unseres Psychologiestudiums." Der Professor hätte nicht mehr sagen können, wenn er einen Monat lang gelehrt hätte.

Professor Gordy hat zu diesem Punkt gut gesagt: "Der Geist muss entweder das sein, was denkt, fühlt und will, oder es müssen die Gedanken, Gefühle und Willensakten sein, deren wir bewusst-geistige Tatsachen sind, um es in einem Wort auszudrücken.. Aber was können wir über das, was denkt, fühlt und will, wissen, und was können wir darüber herausfinden? Wo ist es? Sie werden wahrscheinlich sagen, im Gehirn. Aber, wenn Sie wörtlich sprechen, wenn Sie sagen, dass es im Gehirn ist, so wie ein Bleistift in der Tasche ist, dann müssen Sie meinen, dass es Platz braucht, dass es Raum einnimmt, dass es Platz einnimmt, und das würde es sehr ähnlich zu einer materiellen Sache machen. In Wahrheit, je sorgfältiger man es betrachtet, desto klarer wird man sehen, was denkende Menschen schon lange wissen, dass wir nichts über das Ding, das denkt, fühlt und will, wissen und nicht lernen können. Es liegt außerhalb der Reichweite des menschlichen Wissens. Die Bücher, die die Psychologie als die Wissenschaft des Geistes definieren, haben kein Wort über das zu sagen, was denkt, fühlt und will. Sie sind ganz und gar von diesen Gedanken und Gefühlen und Willensakten eingenommen, kurz gesagt, versuchen, uns zu vermitteln, was sie sind, und versuchen sie in Klassen einzuteilen und uns die Umstände oder Bedingungen zu nennen, unter denen sie existieren. Mir scheint es besser, die Psychologie als die Wissenschaft der Erfahrungen, Phänomene oder Tatsachen des Geistes, der Seele oder des Selbst der mentalen Tatsachen zu definieren".

Angesichts der Tatsachen des Falles und dem Beispiel der besten modernen Autoritäten folgend, werden wir in diesem Buch die Betrachtung der Frage nach der letztendlichen Natur des Geistes den Metaphysikern überlassen und uns auf die mentalen Tatsachen, die Gesetze, die sie beherrschen, und die besten Methoden, sie zu beherrschen und in den "Angelegenheiten des Lebens" anzuwenden, beschränken.

Die Klassifizierung und Entwicklungsmethode, die in diesem Buch befolgt werden soll, ist wie folgt: -

I. Der Mechanismus der psychischen Zustände, d. h. das Gehirn, das Nervensystem, die Sinnesorgane etc.

II. Die Tatsache des Bewusstseins und seiner Ebenen.

III. Mentale Prozesse oder Fähigkeiten, d. h.

(1) Empfindung und Wahrnehmung;

(2) Repräsentation oder Vorstellung und Gedächtnis;

(3) Gefühl oder Emotion;

(4) Intellekt oder Vernunft und Verständnis;

(5) Wille.

Geistige Zustände hängen von den physischen Mechanismen der Manifestation ab, was auch immer die letztendliche Natur des Geistes sein mag. Geistige Zustände, was auch immer ihr spezieller Charakter sein mag, werden sich in eine der oben genannten fünf allgemeinen Klassen geistiger Aktivitäten einordnen lassen.

II. Der Mechanismus der psychischen Zustände.

DER Mechanismus der psychischen Zustände - die geistige Maschinerie, mit deren Hilfe wir fühlen, denken und wollen - besteht aus dem Gehirn, dem Nervensystem und den Sinnesorganen. Ganz gleich, was die wirkliche Natur des Geistes sein mag - ganz gleich, welche Theorie über seine Aktivitäten vertreten wird - es muss zugegeben werden, dass der Geist für die Manifestation dessen, was wir als psychische Zustände kennen, von diesem Mechanismus abhängig ist. So wunderbar, wie der Verstand ist, wird er als abhängig von diesem physischen Mechanismus beim Ausdruck seiner Aktivitäten angesehen. Und diese Abhängigkeit ist nicht nur vom Gehirn allein, sondern auch vom gesamten Nervensystem abhängig.

Die besten Autoritäten sind sich einig, dass die höheren und komplexeren mentalen Zustände nur eine Evolution der einfachen Empfindung sind, und dass sie von der Empfindung als Rohmaterial für ihr Fühlen und Denken abhängig sind. Deshalb ist es richtig, dass wir mit einer Betrachtung der Maschinerie der Empfindung beginnen. Dies erfordert eine vorherige Betrachtung der Nerven.

DIE NERVEN.

Der Körper wird von einem komplizierten System von Nerven durchzogen, das mit einem großen Telegrafensystem verglichen wurde. Die Nerven übertragen Empfindungen von den verschiedenen Teilen des Körpers an das große Empfangsbüro des Gehirns. Sie dienen auch dazu, die motorischen Impulse des Gehirns an die verschiedenen Körperteile zu übertragen, welche die Bewegung der entsprechenden Körperteile bewirken. Es gibt auch noch andere Nerven, mit denen wir uns in diesem Buch nicht beschäftigen, die aber bestimmte physiologische Funktionen wie Verdauung, Sekretion, Ausscheidung und Kreislauf ausführen. Unser Hauptanliegen sind an dieser Stelle die sensorischen Nerven.

Die Sinnesnerven übermitteln die Eindrücke der Außenwelt an das Gehirn. Das Gehirn ist die große Zentralstation der Sinnesnerven, die unzählige Sendestationen in allen Teilen des Körpers haben, die "Drähte", die in der Haut enden. Wenn diese Nervenendstationen gereizt oder erregt werden, senden sie Botschaften an das Gehirn, die zur Aufmerksamkeit auffordern. Das gilt nicht nur für die Tast- oder Gefühlsnerven, sondern auch für die Seh-, Geruchs-, Geschmacks- und Hörsinne. Tatsächlich sind die besten Autoritäten der Meinung, dass alle fünf Sinne nur eine Weiterentwicklung des primären Tastsinns oder Gefühls sind.

DER TASTSINN.

Die Nerven des Tastsinns enden in der äußeren Hülle oder Haut des Körpers. Sie melden den Kontakt mit anderen physischen Objekten. Durch diese Berichte sind wir uns nicht nur des Kontaktes mit dem äußeren Objekt bewusst, sondern auch vieler Tatsachen, die die Natur dieses Objektes betreffen, wie z. B. seinen Härtegrad, seine Rauheit usw. und seine Temperatur. Einige dieser Nervenenden sind sehr empfindlich, wie z. B. die der Zungenspitze und der Fingerspitzen, während andere vergleichsweise unempfindlich sind, wie z.B. die des Rückens. Einige dieser sensorischen Nerven beschränken sich darauf, den Kontakt und den Grad des Drucks zu melden, während andere sich nur darauf beschränken, den Grad der Temperatur der Gegenstände zu melden, mit denen ihre Enden in Kontakt kommen. Einige der Letzteren reagieren auf die höheren Grade von Wärme, während andere nur auf die niedrigeren Grade von Kälte reagieren. Die Nerven bestimmter Körperteile reagieren leichter und deutlicher auf die Temperatur als die anderer Körperteile. Zur Veranschaulichung: Die Nerven der Wange reagieren recht gut auf Wärmeempfindungen.

DER SEHSINN.

Die Nerven des Sehsinns enden in dem komplexen optischen Apparat, der im Volksmund als "das Auge" bezeichnet wird. Die so genannte "Netzhaut" ist eine sehr empfindliche Nervenmembran, die den inneren, hinteren Teil des Auges auskleidet und in der die Fasern des Sehnervs enden. Das optische Instrument des Auges leitet die gebündelten Lichtschwingungen an die Nerven der Netzhaut weiter, von denen der Impuls an das Gehirn weitergeleitet wird. Aber im Gegensatz zur weitverbreiteten Vorstellung messen die Nerven des Auges weder Entfernungen noch bilden sie irgendwelche Rückschlüsse; das ist eindeutig die Arbeit des Geistes. Das einfache Amt der Sehnerven besteht darin, Farbe und Intensitätsgrade der Lichtwellen zu melden.

DER SINN DES GEHÖRS.

Die Nerven des Gehörsinns enden im inneren Teil des Ohres. Das Trommelfell empfängt die in die Höhlen des Ohres eindringenden Schallschwingungen und leitet sie verstärkt und angepasst an die Enden des Hörnervs im Innenohr weiter, der die Empfindung an das Gehirn weiterleitet. Der Hörnerv meldet dem Gehirn den Grad der Tonhöhe, Intensität, Qualität bzw. Harmonie der Schallwellen, die das Trommelfell erreichen. Bekanntlich gibt es bestimmte Schallvibrationen, die für den Hörnerv zu niedrig und andere zu hoch sind, um vom Hörnerv registriert zu werden, beide Klassen können jedoch von wissenschaftlichen Instrumenten aufgezeichnet werden. Es gilt auch als sicher, dass einige der niederen Tiere Schallschwingungen wahrnehmen, die von den menschlichen Hörnerven nicht registriert werden.

DER GERUCHSSINN.

Die Nerven des Geruchssinns enden in der Schleimhaut der Nasenlöcher. Damit diese Nerven den Geruch von äußeren Gegenständen melden, ist ein tatsächlicher Kontakt von kleinsten Teilchen des Gegenstandes mit der Nasenschleimhaut notwendig. Dies ist nur durch den Durchgang von Luft, die diese Partikel enthält, durch die Nasenlöcher möglich; die bloße Nähe zum Nasenloch reicht nicht aus. Diese Partikel bestehen zum größten Teil aus dünnen Gasen. Bestimmte Stoffe wirken auf die Geruchsnerven viel stärker als andere, wobei der Unterschied auf die chemische Zusammensetzung des Stoffes zurückzuführen ist. Die Riechnerven übermitteln die Meldung an das Gehirn.

DER GESCHMACKSSINN.

Die Geschmacksnerven enden in der Zunge, oder besser gesagt in den kleinen Zellen der Zunge, die "Geschmacksknospen" genannt werden. Stoffe, die in den Mund genommen werden, wirken chemisch auf diese winzigen Zellen ein, und ein Impuls wird an die Geschmacksnerven weitergeleitet, die dann die Empfindung an das Gehirn melden. Die Autoritäten behaupten, dass die Geschmacksempfindungen auf fünf allgemeine Klassen reduziert werden können, nämlich süß, bitter, sauer, salzig und "scharf".

Es gibt bestimmte Nervenzentren, die wichtige Funktionen bei der Produktion und dem Ausdruck von psychischen Zuständen haben, die im Schädel und in der Wirbelsäule liegen - das Gehirn und das Rückenmark -, die wir im folgenden Kapitel betrachten werden.

14

III. Die großen Nervenzentren.

DIE großen Nervenzentren, die eine wichtige Rolle bei der Produktion und dem Ausdruck von psychischen Zuständen spielen, sind die des Gehirns bzw. des Rückenmarks.

DAS RÜCKENMARK.

Das Rückenmark ist jenes Seil oder Strang aus Nervensubstanz, das in der Wirbelsäule oder im "Rückgrat" eingeschlossen ist. Es verlässt den unteren Teil des Schädels und erstreckt sich im Inneren der Wirbelsäule für etwa fünfundvierzig Zentimeter nach unten. Es ist jedoch durchgehend mit dem Gehirn verbunden, und es ist schwierig zu bestimmen, wo das eine beginnt und das andere endet. Sie besteht aus einer Masse von grauer Substanz, die von einer Hülle aus weißer Substanz umgeben ist. Aus dem Rückenmark treten entlang seiner Länge einunddreißig Spinalnervenpaare aus, die sich zu beiden Seiten des Körpers verzweigen und mit den verschiedenen kleineren Nerven verbinden, die sich zu allen Teilen des Systems erstrecken. Das Rückenmark ist das große zentrale Kabel des Nerventelegrafie-Systems, und jede Verletzung oder Behinderung des Rückenmarks lähmt oder lähmt jene Teile des Körpers, deren Nerven unterhalb des Sitzes der Verletzung oder Behinderung in das Rückenmark eintreten. Verletzungen oder Behinderungen dieser Art hemmen nicht nur die sensorischen Meldungen aus dem betroffenen Bereich, sondern hemmen auch die motorischen Impulse des Gehirns, die die Gliedmaßen oder Körperteile bewegen sollen.

DIE GANGLIEN ODER "KLEINEN GEHIRNE".

Die sogenannten Ganglien oder winzigen Nervenzellbündel befinden sich in verschiedenen Teilen des Nervensystems, unter anderem in den Spinalnerven. Diese Gruppen von Nervenzellen werden manchmal auch als "kleine Gehirne" bezeichnet und übernehmen wichtige Aufgaben im Mechanismus des Denkens und Handelns. Die Spinalganglien erhalten Sinnesmeldungen und geben in vielen Fällen motorische Impulse ab, ohne das Zentralhirn in dieser Hinsicht zu belasten. Diese Aktivitäten sind als "Reflex-Nerventätigkeit" bekannt.

REFLEXHANDLUNG.

Die sogenannte Reflex-Nerventätigkeit ist eine der wunderbarsten Aktivitäten des Nerven- und Denkmechanismus, und die Kenntnis davon ist für den Durchschnittsmenschen meist überraschend, denn er hat im Allgemeinen den Eindruck, dass diese Aktivitäten nur dem Zentralhirn möglich sind. Es ist eine Tatsache, dass das Zentralhirn nicht nur wirklich eine Dreiergruppe von drei Gehirnen ist, sondern dass jeder eine große Anzahl von "kleinen Gehirnen" hat, die über sein Nervensystem verteilt sind, von denen jedes einzelne in der Lage ist, Sinnesmeldungen zu empfangen und auch motorische Impulse auszusenden. Es lohnt sich also, diese wunderbare Form der Nervenaktivität kennenzulernen.

Eine Schlacke dringt ins Auge ein, die Meldung erreicht ein Ganglion, ein motorischer Impuls wird ausgesendet, und das Augenlid schließt sich. Das gleiche Ergebnis ergibt sich, wenn sich ein Gegenstand dem Auge nähert, ohne es tatsächlich zu treffen. In beiden Fällen ist die Person sich der Empfindung und des motorischen Impulses erst dann bewusst, wenn letzterer vollzogen ist. Dies ist eine Reflexaktion. Die instinktive Bewegung des gekitzelten Fußes ist ein weiterer Fall. Das Wegspringen der Hand, die durch das angezündete Zigarrenende verbrannt oder durch die Spitze der Nadel gestochen wird, ist ein weiteres Beispiel. Die unwillkürlichen und so genannten unbewussten Aktivitäten sind das Ergebnis von Reflexen.

Mehr noch, es ist eine Tatsache, dass viele Aktivitäten, die ursprünglich freiwillig waren, zu so genannten "erworbenen Reflexen" oder "motorischen Gewohnheiten" werden, indem bestimmte Nervenzentren die Gewohnheit annehmen, bestimmte motorische Impulse als Reaktion auf bestimmte sensorische Meldungen auszusenden. Die gewohnten Bewegungen unseres Lebens werden zum großen Teil auf diese Weise ausgeführt, wie z. B. Gehen, der Gebrauch von Messer und Gabel, die Bedienung von Schreibmaschinen, Maschinen aller Art, das Schreiben usw. Das Würgen einer geköpften Schlange, die Muskelbewegungen eines geköpften Frosches und die heftigen Kämpfe, das Flattern und die Sprünge des geköpften Geflügels sind Instanzen der Reflexhandlung. Medizinische Berichte weisen darauf hin, dass in Fällen von Enthauptung sogar der Mensch in einigen Fällen ähnliche Reflexe zeigen kann. So können wir sehen, dass wir sowohl über unsere "kleinen Gehirne" als auch über das Zentralhirn oder den Gehirnen fühlen und wollen. Was auch immer der Verstand sein mag, es ist sicher, dass er bei diesen Prozessen auch andere Teile des Nervensystems beschäftigt als das Zentralhirn.

Die drei Gehirne.

Was als das Gehirn des Menschen bekannt ist, ist in Wirklichkeit eine Dreiergruppe von drei Gehirnen, die jeweils als (1) das verlängerte Rückenmark, (2) das Kleinhirn und (3) das Großhirn bekannt sind. Wenn man die geistige Aktivität auf bewusste intellektuelle Anstrengung beschränken will, dann und nur dann ist es richtig, das Großhirn als "das Gehirn" zu betrachten.

Das verlängerte Rückenmark (Medulla Oblongata) ist eine Erweiterung des Rückenmarks an der Basis des Gehirns. Seine Aufgabe ist es, die unwillkürlichen Aktivitäten des Körpers wie Atmung, Kreislauf, Assimilation usw. zu kontrollieren. Im weitesten Sinne kann man sagen, dass seine Aktivitäten der Natur der hoch entwickelten und komplexen Reflexaktivitäten entsprechen. Es manifestiert sich vor allem durch das sympathische Nervensystem, das die Lebensfunktionen steuert. Es braucht in diesen Angelegenheiten normalerweise nicht das große Gehirn in Anspruch zu nehmen und ist in der Lage, seine Aufgaben ohne die Ebene des gewöhnlichen Bewusstseins zu erfüllen.

Das Kleinhirn, auch bekannt als "das kleine Gehirn", liegt knapp über dem verlängerten Rückenmark und knapp unter dem hinteren Teil des Großhirns. Es verbindet die Natur eines reinen Reflexzentrums auf der einen Seite mit der Natur des "Gewohnheitsverstandes" auf der anderen Seite. Kurz gesagt, es füllt einen Platz zwischen den Aktivitäten des Großhirns und des verlängerten Rückenmarks aus, wobei es einige der Charakteristika von beiden hat. Es ist das Organ einer Reihe wichtiger erworbener Reflexe, wie z.B. des Gehens und vieler anderer vertrauter Muskelbewegungen, die zuerst bewusst erworben wurden und dann zur Gewohnheit werden. Der geübte Skater, Radfahrer, Stenotypist oder Maschinist ist auf das Kleinhirn angewiesen, um seine Bewegungen mit Leichtigkeit und Sicherheit ausführen zu können, "ohne an sie zu denken". Man kann sagen, dass man eine Reihe von muskulären Bewegungen, wie wir sie erwähnt haben, nie gründlich erworben hat, bis das Kleinhirn die Aufgabe übernommen und das Großhirn von der bewussten Anstrengung entlastet hat. Die Technik wird nie perfektioniert, bis das Kleinhirn die Kontrolle und die Richtung der notwendigen Bewegungen übernimmt und die Impulse unterhalb der Ebene des gewöhnlichen Bewusstseins ausgesendet werden.

Das Großhirn, oder das "große Gehirn" (das von der durchschnittlichen Person, als "das Gehirn" angesehen wird), befindet sich im oberen Teil des Schädels und nimmt den weitaus größeren Teil der Schädelhöhle ein. Es ist in zwei große Abteilungen oder Hemisphären unterteilt. Die besten der modernen Autoritäten sind sich einig, dass das Großhirn über Zonen oder Bereiche mit spezialisierten Funktionen verfügt, von denen einige die sensorischen Berichte der Nerven und Sinnesorgane empfangen, während andere die motorischen Impulse aussenden, die zu freiwilligen körperlichen Handlungen führen. Viele dieser Bereiche oder Zonen sind von der Wissenschaft lokalisiert worden, während andere noch nicht lokalisiert sind. Die Wahrscheinlichkeit ist groß, dass es der Wissenschaft mit der Zeit gelingt, den Bereich oder die Zone jeder einzelnen Klasse von Empfindungen und motorischen Impulsen richtig zu lokalisieren.

DER KORTEX.

Der Bereich des Denkens, des Gedächtnisses und der Imagination ist nicht eindeutig lokalisiert worden, außer dass man glaubt, dass diese psychischen Zustände ihren Sitz in der Hirnrinde oder der äußeren dünnen Rinde der grauen Hirnsubstanz haben, die die Masse der Hirnsubstanz umhüllt und bedeckt. Es wird außerdem für wahrscheinlich gehalten, dass die höheren Prozesse des Denkens in oder durch den Kortex der Frontallappen ausgeführt werden. Der Kortex einer Person mit durchschnittlicher Intelligenz misst, wenn er auf einer flachen Oberfläche ausgebreitet wird, etwa einen Quadratmeter. Je höher der Intelligenzgrad eines niederen Tieres oder Menschen ist, desto tiefer und zahlreicher sind in der Regel die Falten oder Windungen des Kortex und desto feiner seine Struktur. Man kann als allgemeine Regel, mit wenigen Ausnahmen, sagen, dass je höher der Intelligenzgrad eines niederen Tieres oder Menschen ist, desto größer ist die Fläche seines Kortex im Verhältnis zur Größe des Gehirns.

18

Der Kortex, das muss man sich merken, ist in tiefe Furchen oder Windungen gefaltet, wobei das Gehirn in Form, Teilungen und Windungen dem inneren Teil einer Walnuss ähnelt. Das Innere der beiden Hemisphären des Großhirns besteht zum größten Teil aus Verbindungsnerven, die zweifellos dazu dienen, die Funktionseinheit der geistigen Prozesse herzustellen und aufrechtzuerhalten.

Während die physiologische Psychologie große Arbeit geleistet hat, um die Gehirnzentren zu entdecken und einen Großteil des Mechanismus der mentalen Prozesse zu erklären, hat sie nur den elementarsten und einfachsten der mentalen Prozesse berührt. Die höheren Prozesse haben sich bisher einer Analyse oder Erklärung im Sinne der Physiologie entzogen.

IV. Das Bewusstsein.

DIE Tatsache des Bewusstseins ist das große Geheimnis der Psychologie. Es ist schwierig, den Begriff überhaupt zu definieren, obwohl jeder Mensch durchschnittlicher Intelligenz versteht, was durch ihn vermittelt werden soll. Webster definiert es als "Wissen über die eigene Existenz, Empfindungen, mentale Operationen usw.; unmittelbare Kenntnis oder Wahrnehmung eines Objektes, eines Zustandes oder einer Empfindung; sich bewusst zu sein; dass man sich dessen bewusst ist". Eine andere Autorität definiert den Begriff als "der Zustand sich der eigenen Empfindungen bewusst zu sein; die Kraft, das Vermögen oder der mentale Zustand des Bewusstseins der eigenen Existenz, des momentanen Zustandes, der Gedanken, Gefühle und Handlungen". Hallecks Definition lautet: "Jene undefinierbare Eigenschaft mentaler Zustände, die uns veranlasst, uns ihrer bewusst zu sein."

Es wird sich zeigen, dass die Idee des "Bewusstseins" die Essenz der Idee des Bewusstseins ist. Aber letztendlich sind wir gezwungen, anzuerkennen, dass es unmöglich ist, Bewusstsein genau zu definieren, denn es ist etwas so völlig Einzigartiges und anders als alles andere, dass wir überhaupt keine anderen Begriffe dafür haben. Wir können es nur in seinen eigenen Begriffen definieren, wie der Verweis auf die obigen Definitionen zeigt. Und es ist ebenso unmöglich, sein Erscheinen und Sein klar zu erklären. Huxley hat gut gesagt: "Wie es kommt, dass etwas so Bemerkenswertes wie ein Bewusstseinszustand durch das Ergebnis von irritierendem Nervengewebe zustande kommt, ist ebenso wenig erklärbar wie das Erscheinen der Dschinne, als Aladdin seine Lampe rieb. Alles, was wir jemals über die Natur des Bewusstseins wissen können, müssen wir lernen, indem wir das Bewusstsein in uns selbst wieder auf sich selbst richten, indem wir das Bewusstsein mittels Introspektion auf seine eigenen mentalen Operationen fokussieren. Indem wir den bewussten Blick nach innen wenden, können wir den Fluss des Gedankenstroms von seinem Aufstieg aus den unterbewussten Regionen des Geistes bis zu seinem endgültigen Verschwinden in derselben Region wahrnehmen.

Es ist ein verbreiteter Irrtum anzunehmen, dass wir uns der Objekte außerhalb unserer selbst direkt bewusst sind. Das ist unmöglich, denn es gibt kein direktes Wissen über solche Objekte außerhalb unserer selbst. Wir sind uns lediglich unserer Empfindungen oder mentalen Bilder von den äußeren Objekten bewusst. Alles, was wir uns direkt bewusst machen können, sind unsere eigenen mentalen Erfahrungen oder Zustände. Wir können uns nichts außerhalb unseres eigenen Geistes direkt bewusst sein. Wir sind uns des Baumes, den wir sehen, nicht direkt bewusst; wir sind uns lediglich der Empfindung der Nerven bewusst, die durch den Aufprall der Lichtwellen entstehen, die das Bild des Baumes projezieren. Wir sind uns des Baumes nicht direkt bewusst, wenn wir ihn berühren und seinen Charakter auf diese Weise wahrnehmen; wir sind uns lediglich der Empfindung direkt bewusst, die von den Nerven in den Fingerspitzen, die mit dem Baum in Berührung gekommen sind, gemeldet wird. Nur in gleicher Weise sind wir uns auch unseres eigenen Körpers direkt bewusst. Es ist notwendig, dass der Geist das erfährt, was ihm bewusst werden kann. Wir sind uns nur dessen bewusst, (1) was unser Verstand in diesem Moment erlebt, oder (2) was er in der Vergangenheit erlebt hat und was er in diesem Moment durch den Prozess der Erinnerung neu erlebt, oder was durch die Imagination neu kombiniert oder neu arrangiert wird.

Unterbewusste Ebenen.

Aber es darf nicht gedacht werden, dass sich jeder psychische Zustand oder jede psychische Tatsache im Bewusstseinsfeld befindet. Dieser Irrtum ist seit vielen Jahren entlarvt. Es wird nun erkannt, dass das Bewusstseinsfeld ein sehr enges und begrenztes ist, und dass das große Feld der mentalen Aktivität außerhalb seiner engen Grenzen liegt. Jenseits und außerhalb des engen Bewusstseinsfeldes liegt der große unterbewusste Speicher der Erinnerung, in dem die Erfahrungen der Vergangenheit gespeichert sind, um durch eine Willensanstrengung im Akt der Erinnerung oder durch Assoziation im gewöhnlichen Gedächtnis wieder in das Bewusstseinsfeld gezogen zu werden. Auch in dieser großen Region manifestiert der Geist viele seiner Aktivitäten und verrichtet einen Großteil seiner Arbeit. In dieser großen Region entwickeln sich die Emotionen und Gefühle, die eine so wichtige Rolle in unserem Leben spielen und die oft eine vage, beunruhigende Aufregung manifestieren, lange bevor sie auf die Ebene des Bewusstseins aufsteigen. In dieser großen Region werden die Ideen, Gefühle und Vorstellungen erzeugt, die zur Bewusstseinsebene aufsteigen und das manifestieren, was die Menschen "Genie" nennen.

Auf der unterbewussten Ebene leistet die Vorstellungskraft einen Großteil ihrer Arbeit und erschreckt ihren Besitzer, indem sie ihm das vollendete Ergebnis auf dem Gebiet des Bewusstseins präsentiert. Im unterbewussten Feld wird jener eigenartige Prozess des geistigen Kauens, Verdauens und Assimilierens durchgeführt, mit dem alle Gehirnarbeiter vertraut sind und der das rohe geistige Material, das ihm gegeben wurde, aufnimmt, trennt, verdaut und assimiliert und es irgendwann danach als transformierte Substanz den bewussten Fähigkeiten wieder darstellt. Es wird geschätzt, dass mindestens fünfundachtzig Prozent unserer geistigen Aktivitäten unterhalb oder außerhalb des Bewusstseinsfeldes ausgeführt werden. Die heutige Psychologie schenkt diesem ehemals vernachlässigten großen Bereich oder Bereichen des Geistes viel Aufmerksamkeit. Die Psychologie von morgen wird ihm noch größere Aufmerksamkeit schenken.

Die besten der modernen Autoritäten sind sich einig, dass im großen Bereich der unterbewussten Geistestätigkeit die Erklärung für vieles zu finden ist, was sonst unerklärlich ist. Tatsächlich ist es wahrscheinlich, dass das Bewusstsein in Kürze als eine bloße Fokussierung der Aufmerksamkeit auf mentale Zustände und die Objekte des Bewusstseins lediglich als der Teil des Inhalts des Geistes im Feld der mentalen Vision angesehen werden, der durch eine solche Fokussierung geschaffen wird.

V. Aufmerksamkeit!

UNMITTELBAR mit dem Objekt des Bewusstseins verbunden ist der Prozess des Geistes, den wir "Aufmerksamkeit" nennen. Aufmerksamkeit wird allgemein definiert als "die Anwendung des Geistes auf einen mentalen Zustand". Sie wird oft als "konzentriertes Bewusstsein" bezeichnet, aber andere haben die etwas gewagte Vermutung geäußert, dass das Bewusstsein selbst eher das Ergebnis der Aufmerksamkeit ist, statt dass Letzteres ein Vorfall des Bewusstseins ist. Wir werden nicht versuchen, diese Frage hier zu diskutieren, sondern nur feststellen, dass das Bewusstsein sehr materiell von dem Grad der Aufmerksamkeit abhängt, die seinem Objekt zuteilwird. Die Autoritäten legen großen Wert auf die intelligente Ausrichtung der Aufmerksamkeit und sind der Meinung, dass ohne diese die höheren Formen des Wissens unmöglich sind.

Es ist der allgemeine Glaube, dass wir fühlen, sehen, hören, schmecken oder riechen, wenn Gegenstände, die diese Sinne beeinflussen, mit den sie steuernden Sinnesorganen in Kontakt kommen. Aber das ist nur eine Teilwahrheit. Die wirkliche Wahrheit ist, dass wir uns des Berichts dieser Sinne nur dann bewusst werden, wenn die Aufmerksamkeit freiwillig oder unfreiwillig auf die Empfindung gerichtet ist. Das heißt, dass die Psychologen die Aufmerksamkeit in zwei allgemeine Klassen einteilen, nämlich ..:

(1) freiwillige Aufmerksamkeit und

(2) unfreiwillige Aufmerksamkeit.

Freiwillige Aufmerksamkeit ist Aufmerksamkeit, die durch den Willen auf ein Objekt unserer eigenen mehr oder weniger bewussten Auswahl gerichtet ist. Es erfordert eine deutliche Anstrengung des Willens, um die Aufmerksamkeit auf diese Weise zu fokussieren, und viele Personen sind sich ihrer Existenz kaum bewusst, so selten manifestiert sie sich. Die freiwillige Aufmerksamkeit ist das Ergebnis von Training und Übung und kennzeichnet den Mann mit starkem Willen, Konzentration und Charakter. Manche Autoritäten gehen so weit zu sagen, dass vieles von dem, was gemeinhin als "Willenskraft" bezeichnet wird, in Wirklichkeit nur eine entwickelte Form der freiwilligen Aufmerksamkeit ist, wobei der Mann mit "starkem Willen" die eine Idee vor sich hält, die er verwirklichen möchte.

Unfreiwillige Aufmerksamkeit, oft "reflexartige Aufmerksamkeit" genannt, ist Aufmerksamkeit, die durch eine nervöse Reaktion auf einen Sinnesreiz hervorgerufen wird. Dies ist die übliche Form der Aufmerksamkeit und ist nur die gleiche Form, die sich so stark bei Kindern manifestiert, deren Aufmerksamkeit von jedem neuen Gegenstand erregt wird, die aber von einem vertrauten oder uninteressanten Gegenstand nicht beliebig lange gehalten werden kann.

Es ist von größter Wichtigkeit, dass man seine Kraft der freiwilligen Aufmerksamkeit kultiviert. Nicht nur die Willenskraft wird auf diese Weise gestärkt und entwickelt, sondern jedes geistige Vermögen wird dadurch entwickelt. Die Schulung der freiwilligen Aufmerksamkeit ist der erste Schritt in der geistigen Entwicklung.

DAS TRAINING DER AUFMERKSAMKEIT.

Dass die freiwillige Aufmerksamkeit absichtlich trainiert und entwickelt werden kann, ist eine Tatsache, die viele der größten Männer der Welt, für sich selbst bewiesen haben. Es gibt nur einen Weg, irgendeine geistige Kraft seiner mentalen Fähigkeiten zu trainieren und zu entwickeln - und das ist durch Übung und Gebrauch. Durch Übung kann das Interesse an Objekten, die vorher uninteressant waren, geweckt werden, und so entwickelt der Gebrauch der Aufmerksamkeit das Interesse, das sie weiter führt. Interesse ist der natürliche Weg, über den die Aufmerksamkeit leicht wandert, aber das Interesse selbst kann durch konzentrierte Aufmerksamkeit hervorgerufen werden. Durch das Studieren und Untersuchen eines Gegenstandes bringt die Aufmerksamkeit viele neue und neuartige Eigenschaften in Bezug auf die Sache ans Licht, und diese erzeugen ein neues Interesse, das wiederum weitere und anhaltende Aufmerksamkeit erregt.

Es gibt keinen Königsweg zur Entwicklung freiwilliger Aufmerksamkeit. Die einzig wahre Methode ist die Arbeit, die Praxis und der Gebrauch. Sie müssen an uninteressanten Dingen üben, wobei das Hauptinteresse Ihr Wunsch ist, die Kraft der freiwilligen Aufmerksamkeit zu entwickeln. Aber wenn Sie anfangen, sich um die uninteressanten Dinge zu kümmern, werden Sie sich für die Aufgabe um ihrer selbst willen interessieren. Nehmen Sie einen Gegenstand und "legen Sie ihren Geist darauf". Denken Sie an seine Natur, woher er kam, seinen Gebrauch, seine Assoziationen, seine wahrscheinliche Zukunft, an Dinge, die mit ihm in Verbindung stehen, usw., usw.

Konzentrieren Sie die Aufmerksamkeit fest auf ihn und schließen Sie alle Ideen von außen aus. Dann, nach ein wenig Übung dieser Art, legen Sie den Gegenstand vorerst beiseite und nehmen ihn am nächsten Tag wieder auf, wobei Sie versuchen, neue Interessensgebiete darin zu entdecken. Die Hauptsache ist, dass man das Ding im Gedächtnis behält, und das kann man nur tun, indem man an ihm interessante Merkmale entdeckt. Die Interessen liebende Aufmerksamkeit mag bei dieser Aufgabe zunächst rebellieren und wird versuchen, vom Weg in die grünen Weiden zu wandern, die sich zu beiden Seiten des Weges befinden. Aber Sie müssen den Geist immer wieder zu dieser Aufgabe zurückbringen.

Nach einiger Zeit wird sich der Verstand an den Drill gewöhnen und sogar anfangen, ihn zu genießen. Geben Sie ihm etwas Abwechslung, indem Sie gelegentlich die Untersuchungsobjekte wechseln. Das Objekt muss nicht immer etwas sein, das man anschauen kann. Wählen Sie stattdessen ein Thema aus der Geschichte oder Literatur aus und "durchforsten" Sie es, wobei Sie versuchen, alle Fakten, die Ihnen dazu möglich sind, ans Licht zu bringen. Alles kann als Subjekt oder Objekt Ihrer Untersuchung verwendet werden; aber was ausgewählt wird, muss fest und unbeweglich im Feld der bewussten Aufmerksamkeit gehalten werden. Die einmal erworbene Gewohnheit werden Sie in der Praxis am faszinierendsten finden. Sie werden neue Subjekte oder Objekte der Untersuchung, des Forschens und des Denkens erfinden, die Sie gut für Ihre Arbeit und Ihre Zeit entschädigen werden. Aber verlieren Sie nie den Hauptpunkt aus den Augen - die Entwicklung der Kraft der freiwilligen Aufmerksamkeit.

Beim Studium der Methoden zur Entwicklung und Schulung der freiwilligen Aufmerksamkeit sollte der Lernende daran denken, dass jede Übung, die den Willen entwickelt, zur Entwicklung der Aufmerksamkeit führt; und ebenso wird jede Übung, die die freiwillige Aufmerksamkeit entwickelt, dazu neigen, den Willen zu stärken. Der Wille und die Aufmerksamkeit sind so eng miteinander verbunden, dass das, was das eine beeinflusst, auch das andere beeinflusst. Diese Tatsache und die darauf aufbauenden Übungen und Praktiken sollte man sich vor Augen halten.

Wenn man die Konzentration der freiwilligen Aufmerksamkeit übt, sollte man daran denken, dass Konzentration nicht nur darin besteht, die Aufmerksamkeit auf ein bestimmtes Objekt oder Subjekt zu richten, sondern auch darin, Eindrücke von anderen Objekten oder Subjekten auszuschließen. Einige Autoritäten raten, dass der Lernende sich bemüht, eine Stimme unter vielen zu hören, oder ein Instrument unter vielen einer Band oder eines Orchesters. Andere raten dazu, sich auf das Lesen eines Buches in einem Raum zu konzentrieren, der mit Personen gefüllt ist, die sich unterhalten, und ähnliche Übungen. Was auch immer hilft, den Kreis der Aufmerksamkeit in einem bestimmten Moment zu verengen, neigt dazu, die Kraft der freiwilligen Aufmerksamkeit zu entwickeln.

Das Studium der Mathematik und der Logik wird auch als eine ausgezeichnete Praxis in der Konzentration der freiwilligen Aufmerksamkeit angesehen, da diese Studien eine hohe Konzentration und Aufmerksamkeit erfordern. Aufmerksamkeit wird auch von jedem Studium oder jeder Praxis entwickelt, die die Analyse eines Ganzen in seine Teile und dann die Synthese oder den Aufbau eines Ganzen aus seinen verstreuten Teilen verlangt. Jeder der Sinne sollte in den Übungen eine Rolle spielen, und zusätzlich sollte der Verstand trainiert werden, sich auf eine Idee zu konzentrieren, die in sich selbst enthalten ist - irgendein geistiges Bild oder eine abstrakte Idee, die unabhängig von irgendeinem Objekt des unmittelbaren Sinnesberichts existiert.

VI. Die Wahrnehmung.

Es ist ein häufiger Fehler zu glauben, dass wir alles wahrnehmen, was dem Verstand von den Sinnen gemeldet wird. In der Tat nehmen wir nur einen sehr kleinen Teil der Berichte der Sinne wahr. Es gibt Tausende von Sehenswürdigkeiten, die von unseren Augen gemeldet werden, Geräusche, die von unseren Ohren gemeldet werden, Gerüche, die von unseren Nasenlöchern gemeldet werden, und Kontakte, die von unseren Berührungsnerven gemeldet werden, und zwar jeden Tag unseres Lebens, die aber vom Verstand nicht wahrgenommen oder beobachtet werden. Wir nehmen nur dann wahr und beobachten, wenn die Aufmerksamkeit, ob reflexartig oder freiwillig, auf den Bericht der Sinne gerichtet ist und wenn der Verstand den Bericht interpretiert. Während die Wahrnehmung des Rohmaterials von den Berichten der Sinne abhängt, hängt sie für ihre vollständige Manifestation vollständig von der Anwendung des Geistes ab.

Der Lernende hat normalerweise große Schwierigkeiten, zwischen Empfindung und Wahrnehmung zu unterscheiden. Eine Empfindung ist ein einfacher Bericht der Sinne, der im Bewusstsein empfangen wird. Die Wahrnehmung ist der Gedanke, der aus dem Gefühl der Empfindung entsteht. Die Wahrnehmung kombiniert normalerweise mehrere Empfindungen zu einem Gedanken oder einer Wahrnehmung. Durch die Empfindung fühlt der Verstand; durch die Wahrnehmung weiß er, dass er fühlt, und erkennt den Gegenstand, der die Empfindung verursacht. Die Empfindung bringt lediglich einen Bericht von äußeren Objekten, während die Wahrnehmung den Bericht mit dem Objekt identifiziert, das ihn verursacht hat. Die Wahrnehmung interpretiert die Berichte der Empfindung. Die Empfindung berichtet einen Lichtblitz von oben; die Wahrnehmung interpretiert das Licht als Sternenlicht oder Mondlicht oder Sonnenlicht oder als den Blitz eines Meteors. Die Empfindung berichtet von einem scharfen, stechenden, schmerzhaften Kontakt; die Wahrnehmung interpretiert ihn als den Stich einer Stecknadel. Die Empfindung meldet einen roten Fleck auf grünem Hintergrund; die Wahrnehmung interpretiert ihn als Beere an einem Strauch.

Außerdem, während wir eine einfache einzelne Empfindung wahrnehmen können, sind unsere Wahrnehmungen normalerweise eine Gruppe von Empfindungen. Die Wahrnehmung wird gewöhnlich dazu verwendet, Empfindungen zu gruppieren und sie mit dem oder den Gegenständen, die sie verursachen, zu identifizieren. Bei ihrer Identifizierung stützt sie sich auf die Erinnerung an vergangene Erfahrungen, die der Verstand möglicherweise besitzt. Erinnerung, Imagination, Gefühl und Gedanke werden bei jeder klaren Wahrnehmung bis zu einem gewissen Grad ins Spiel gebracht. Der Säugling hat nur eine schwache Wahrnehmung, aber mit zunehmender Erfahrung beginnt er, Wahrnehmungen zu manifestieren und Wahrnehmungen zu bilden. Empfindungen ähneln den Buchstaben des Alphabets, und Wahrnehmung die Bildung von Wörtern und Sätzen aus den Buchstaben. So symbolisieren k, a, t, z und e Empfindungen, während das daraus gebildete Wort "Katze" die Wahrnehmung des Gegenstandes symbolisiert.

Es wird angenommen, dass alles Wissen mit der Empfindung beginnt; dass die geistige Geschichte der Menschen oder des Individuums mit der ersten Empfindung beginnt. Aber während dies zugegeben wird, muss man sich daran erinnern, dass die Empfindung nur das einfache, elementare Rohmaterial des Denkens liefert. Der erste Prozess des eigentlichen Denkens oder des Wissens beginnt mit der Wahrnehmung. Aus unseren Wahrnehmungen werden alle unsere höheren Konzepte und Ideen gebildet. Die Wahrnehmung hängt von der Assoziation der Empfindung mit anderen zuvor erlebten Empfindungen ab; sie basiert auf der Erfahrung. Je größer die Erfahrung, desto größer ist die Möglichkeit der Wahrnehmung, wobei alle anderen gleich sind.

Wenn die Wahrnehmung beginnt, verliert der Verstand die Empfindung an sich aus den Augen, denn er identifiziert sie als eine Eigenschaft der sie erzeugenden Sache. Die Empfindung des Lichts wird als eine Qualität des Sterns gedacht; die stechende Empfindung wird als eine Qualität der Stecknadel oder der Kastanienwurzel gedacht; die Empfindung des Geruchs wird als eine Qualität der Rose gedacht. Bei der Rose werden die verschiedenen Seh-, Tast- und Geruchsempfindungen in ihrem Eindruck von den Qualitäten Farbe, Form, Weichheit und Duft in der Wahrnehmung des Gesamtobjektes der Blume zusammengefasst.

Eine Wahrnehmung ist "das, was wahrgenommen wird; das Objekt des Wahrnehmungsaktes". Die Wahrnehmung ist natürlich ein geistiger Zustand, der mit dem äußeren Objekt korrespondiert. Sie ist eine Kombination mehrerer Empfindungen, die als die Eigenschaften des äußeren Objekts betrachtet werden, zu denen die Erinnerungen an vergangene Erfahrungen, Ideen, Gefühle und Gedanken kombiniert werden. Eine Wahrnehmung wird also, obwohl die einfachste Form des Denkens, als ein psychischer Zustand angesehen. Die Bildung einer Wahrnehmung besteht aus drei Stufen: (1) Die Aufmerksamkeit bildet bestimmte bewusste Empfindungen aus unbestimmten Nervenberichten; (2) der Verstand interpretiert diese bewussten Empfindungen und schreibt sie dem äußeren Objekt zu, das sie verursacht; (3) die verwandten Empfindungen werden gruppiert, ihre Einheit wahrgenommen und sie werden als Eigenschaften des äußeren Objekts betrachtet.

Die klare Unterscheidung zwischen einer Empfindung und einer Wahrnehmung kann im Verstand durch die Erinnerung an das Folgende fixiert werden: Eine Empfindung ist ein Gefühl; eine Wahrnehmung ist ein einfacher Gedanke, der eine oder mehrere Empfindungen identifiziert und zusammenfasst. Eine Empfindung ist lediglich das bewusste Erkennen einer Erregung eines Nervenendes; eine Wahrnehmung ergibt sich aus einem bestimmten mentalen Prozess bezüglich der Empfindung.

DIE ENTWICKLUNG DER WAHRNEHMUNG.

Es ist von größter Wichtigkeit, dass wir unsere Wahrnehmungsfähigkeiten entwickeln und trainieren. Denn unsere Erziehung hängt ganz wesentlich von unserer Wahrnehmungskraft ab. Was macht es für uns aus, wenn die Außenwelt mit vielfältigen Objekten gefüllt ist, wenn wir nicht wahrnehmen, dass sie existieren? Von der Wahrnehmung hängt das Material unserer mentalen Welt ab. Viele Menschen gehen durch die Welt, ohne auch nur die offensichtlichsten Tatsachen wahrzunehmen. Ihre Augen und Ohren sind perfekte Instrumente, ihre Nerven übermitteln genaue Berichte, aber die Wahrnehmungsfähigkeiten des Geistes versäumen es, den Bericht der Sinne zu beobachten und zu interpretieren. Sie sehen und hören deutlich, aber die Berichte der Sinne werden von ihnen nicht beobachtet oder notiert; sie bedeuten ihnen nichts. Man kann viele Dinge sehen und doch nur wenige beobachten. Unser Wissensvorrat hängt nicht von dem ab, was wir sehen oder hören, sondern von dem, was wir wahrnehmen, bemerken oder beobachten.

Nicht nur, dass der eigene Bestand an praktischem Wissen weitgehend auf entwickelter Wahrnehmung beruht, sondern auch der Erfolg hängt materiell von denselben Fähigkeiten ab. Im Geschäfts- und Berufsleben ist der erfolgreiche Mensch meist derjenige, der Wahrnehmungsfähigkeiten entwickelt hat; derjenige, der gelernt hat, wahrzunehmen, zu beobachten und zu notieren. Der Mann, der wahrnimmt und sich geistig Notizen über das macht, was in seiner Welt geschieht, ist der Mann, der dazu fähig ist, Dinge zu wissen, wenn dieses Wissen gebraucht wird. In diesem Zeitalter der "Bucherziehung" stellen wir fest, dass die jungen Menschen nicht annähernd so aufmerksam sind wie jene Kinder, die für ihr Wissen auf die Wahrnehmungskraft angewiesen waren. Der junge Araber oder Inder wird in einer Stunde mehr beobachten als das zivilisierte Kind an einem Tag. In einer Welt der Bücher zu leben, neigt in vielen Fällen dazu, die Beobachtungs- und Wahrnehmungsfähigkeiten zu schwächen.

Die Wahrnehmung kann durch die Praxis entwickelt werden. Beginnen Sie damit, die Dinge zu beachten, die Sie bei Ihren üblichen Spaziergängen gesehen und gehört haben. Halten Sie die Augen des Geistes weit offen. Achten Sie auf die Gesichter der Menschen, ihren Gang, ihre Eigenschaften. Suchen Sie nach interessanten und seltsamen Dingen, und Sie werden sie sehen. Gehen Sie nicht in einem Tagtraum durchs Leben, sondern halten Sie Ausschau nach interessanten und wertvollen Dingen. Die vertrautesten Dinge werden Ihnen die Zeit und die Arbeit, sie genau zu untersuchen, zurückzahlen, und die Praxis, die Sie durch solche Aufgaben gewinnen, wird sich als wertvoll für Ihre Entwicklung der Wahrnehmung erweisen.

Eine Autorität bemerkt, dass nur sehr wenige Personen, selbst die, die auf dem Land leben, wissen, ob die Ohren einer Kuh über, unter, hinter oder vor ihren Hörnern sind; noch wissen sie, ob Katzen mit dem Kopf voran oder mit dem Schwanz voran von Bäumen herunterkommen. Nur sehr wenige Personen können die Blätter der verschiedenen Arten von bekannten Bäumen in ihrer Umgebung unterscheiden. Vergleichsweise wenige Personen können das Haus, in dem sie leben, beschreiben, zumindest über die allgemeinsten Merkmale hinaus - Details sind unbekannt.

Houdini, der französische Zauberer, konnte an einem Schaufenster vorbeigehen und jeden Artikel darin wahrnehmen und dann das Gesehene wiederholen. Aber er erwarb diese Fähigkeit nur durch ständige und allmähliche Übung. Er selbst beanstandete sein Können und behauptete, es sei nichts im Vergleich zu dem der modischen Frau, die auf der Straße an einer anderen Frau vorbeigehen und ihre gesamte Kleidung von Kopf bis Fuß auf einen Blick "aufnehmen" kann und "nicht nur die Mode und die Qualität der Stoffe beschreiben kann, sondern auch sagen kann, ob die Spitze echt oder nur maschinell hergestellt ist". Ein ehemaliger Uni-Präsident von Yale soll in der Lage gewesen sein, ein Buch anzuschauen und eine viertel Seite auf einmal zu lesen.

Jedes Studium oder jeder Beruf, der eine Analyse erfordert, entwickelt die Kraft der Wahrnehmung. Wenn wir also die Dinge, die wir sehen, analysieren und in ihre Teile oder Elemente auflösen, werden wir ebenfalls die Wahrnehmungsfähigkeit entwickeln. Es ist eine gute Übung, einen kleinen Gegenstand zu untersuchen und zu versuchen, so viele verschiedene Wahrnehmungspunkte wie möglich zu entdecken, indem man sie auf einem Blatt Papier notiert. Der bekannteste Gegenstand wird, wenn er sorgfältig untersucht wird, reiche Erträge bringen.

Wenn zwei Personen an einem solchen Wettbewerb teilnehmen, wird der Geist der Rivalität und des Wettbewerbs die Beobachtungsgabe beschleunigen. Diejenigen, die die Geduld und Ausdauer gehabt haben, solche Übungen systematisch zu praktizieren, berichten, dass sie von Anfang an eine stetige Verbesserung feststellten. Aber selbst wenn man keine Lust hat, auf diese Weise zu üben, wird es möglich sein, die Details der Dinge, die man sieht, den Gesichtsausdruck der Personen, die Details ihrer Kleidung, ihren Tonfall, die Qualität der Waren, die wir handhaben, und vor allem die kleinen Dinge zu beachten. Die Wahrnehmung folgt, wie die Aufmerksamkeit, dem Interesse; aber ebenso kann das Interesse an den Dingen durch die Beobachtung ihrer Details, Besonderheiten und Charakteristika erzeugt werden.

Die beste Erkenntnis, die man gewinnt, ist die, die sich aus der eigenen persönlichen Wahrnehmung ergibt. Es gibt eine Nähe und Wahrhaftigkeit über das, was man auf diese Weise kennt, die in dem, was man nur glaubt, weil man es gelesen oder gehört hat, fehlt. Solches Wissen kann man zu einem Teil seiner selbst machen. Nicht nur das Wissen ist abhängig von dem, was man wahrnimmt, sondern der Charakter des eigenen Wesens ergibt sich auch aus dem Charakter der Wahrnehmung. Der Einfluss der Umwelt ist groß - und was ist die Umwelt, wenn nicht die wahrgenommenen Dinge über einen selbst? Es ist nicht so sehr das, was außerhalb des Menschen liegt, sondern welcher Teil davon durch die Wahrnehmung in den Menschen gelangt. Indem man seine Aufmerksamkeit auf erwünschte Objekte richtet und soviel wie möglich davon wahrnimmt, baut man wirklich nach Belieben seinen eigenen Charakter auf.

Die Welt braucht gute "Wahrnehmer" in allen Bereichen des Lebens. Sie findet einen Mangel an ihnen und verlangt sie lautstark, wobei sie bereit ist, einen guten Preis für ihre Dienste zu zahlen. Wer freiwillig die Einzelheiten eines Berufes, eines Unternehmens oder eines Gewerbes wahrnehmen und beobachten kann, wird in dieser Berufung weit kommen. Bei der Erziehung der Kinder sollte das Wahrnehmungsvermögen aktiv berücksichtigt werden. Der Kindergarten hat einige Schritte in diese Richtung unternommen, aber es gibt noch viel mehr zu tun.

VII. Gedächtnis.

PSYCHOLOGEN klassifizieren als "repräsentative mentale Prozesse" solche, die als Gedächtnis bzw. Vorstellungskraft bekannt sind. Der Begriff "Repräsentation" wird in der Psychologie verwendet, um die Prozesse der Re-Präsentation bzw. der erneuten Präsentation dessen, was dem Bewusstsein früher präsentiert wurde, aber danach aus seinem Bereich herausging, zu bezeichnen. Wie Hamilton sagt: "Die allgemeine Fähigkeit des Wissens setzt notwendigerweise voraus, dass wir neben der Kraft, einen Teil unseres zurückbehaltenen Wissens aus dem Unbewussten herauszuholen, die Fähigkeit besitzen, das so Herausgehölte im Bewusstsein darzustellen.

Das Gedächtnis ist das primäre Repräsentationsvermögen oder die Kraft des Geistes. Die Vorstellungskraft hängt vom Gedächtnis als Material ab, wie wir sehen werden, wenn wir diese Fähigkeit betrachten. Jeder geistige Prozess, der die Erinnerung, das Erinnern oder die Darstellung einer zuvor erlebten Empfindung, Wahrnehmung, eines geistigen Bildes, Gedankens oder einer Idee beinhaltet, muss von der Erinnerung für sein Material abhängen. Das Gedächtnis ist der große Speicher des Geistes, in dem die Aufzeichnungen früherer geistiger Erfahrungen aufbewahrt werden. Es ist ein Teil des großen unterbewussten Feldes der geistigen Aktivität, und der größte Teil seiner Arbeit wird unterhalb der Bewusstseinsebene ausgeführt. Erst wenn seine Ergebnisse in das Bewusstseinsfeld gelangen, wird uns seine Existenz bewusst. Wir kennen das Gedächtnis nur durch seine Werke. Von seiner Natur wissen wir nur wenig, obwohl einige seiner Hauptgesetze und Prinzipien entdeckt wurden.

Früher war es üblich, das Gedächtnis den verschiedenen Fakultäten des Geistes zuzuordnen, aber später wird es von der Psychologie nicht mehr so betrachtet. Das Gedächtnis wird heute als eine Kraft des allgemeinen Geistes betrachtet, die sich in Verbindung mit jeder Fähigkeit des Geistes manifestiert. Es wird nun als Teil des großen unterbewussten Feldes der Geistestätigkeit angesehen, und seine Erklärung muss dort gesucht werden. Anders ist es völlig unerklärlich.

Die Bedeutung des Gedächtnisses kann nicht hoch genug eingeschätzt werden. Nicht nur der Charakter und die Erziehung eines Menschen hängen in erster Linie davon ab, sondern auch das geistige

Wesen selbst ist damit verbunden. Gäbe es kein Gedächtnis, würde der Mensch geistig nie über den Geisteszustand des neugeborenen Kindes hinauskommen. Er würde nie in der Lage sein, von Erfahrungen zu profitieren. Er wäre nie in der Lage, klare Wahrnehmungen zu entwickeln. Er wäre nie in der Lage, zu argumentieren oder Urteile zu fällen. Die Denkprozesse hängen vom Material der Erinnerung an vergangene Erfahrungen ab; wenn dieses Material fehlt, kann es keinen Gedanken geben.

Der Gedächtnis-Speicher hat zwei wichtige allgemeine Funktionen, nämlich (1) Die Speicherung von Eindrücken und Erfahrungen; und (2) die Wiedergabe der so gespeicherten Eindrücke und Erfahrungen.

Früher wurde angenommen, dass das Gedächtnis nur einen Teil der ursprünglich von ihm festgehaltenen Eindrücke und Erfahrungen behält. Aber die gegenwärtige Theorie besagt, dass sie jeden Eindruck und jede Erfahrung, die von ihr festgehalten wird, behält. Es stimmt zwar, dass viele dieser Eindrücke nie im Bewusstsein reproduziert werden, aber Experimente neigen dennoch dazu, zu bestätigen, dass die Aufzeichnungen noch im Gedächtnis vorhanden sind und dass geeignete und ausreichend starke Reize sie in das Bewusstseinsfeld bringen. Die Phänomene des Somnambulismus, der Träume, der Hysterie, des Deliriums, der Annäherung an den Tod usw. zeigen, dass das Unterbewusstsein eine immense Anhäufung von scheinbar vergessenen Tatsachen hat, die durch ungewöhnliche Reize in Erinnerung gerufen werden können.

Die Kraft des Gedächtnisses, die zurückgehaltenen Eindrücke und Erfahrungen wiederzugeben, wird auf verschiedene Weise als Erinnerung, Gedächtnis oder Gedächtnis bezeichnet. Diese Kraft variiert materiell bei verschiedenen Personen, aber es ist ein Axiom der Psychologie, dass das Gedächtnis jeder Person durch Übung entwickelt und trainiert werden kann. Die Fähigkeit, sich zu erinnern, hängt in hohem Maße von der Klarheit und Tiefe des ursprünglichen Eindrucks ab, der wiederum vom Grad der Aufmerksamkeit abhängt, die ihm zum Zeitpunkt seines Auftretens entgegengebracht wird. Das Erinnern wird auch durch das Gesetz der Assoziation oder das Prinzip, dass eine geistige Tatsache mit einer anderen verbunden ist, sehr gefördert. Je mehr Fakten mit einer bestimmten Tatsache verbunden sind, desto leichter wird sie erinnert. Das Erinnern wird auch durch

Gebrauch und Übung stark gefördert. Wie die Finger werden auch die Gedächtniszellen des Gehirns durch Gebrauch und Übung fachkundig und effizient, oder steif und ineffizient, wenn sie nicht gebraucht werden.

Zusätzlich zu den Phasen des Festhaltens und der Reproduktion gibt es zwei wichtige Phasen des Gedächtnisses, nämlich (3) Erkennen des reproduzierten Eindrucks oder der reproduzierten Erfahrung; und (4) Lokalisierung des Eindrucks oder sein Bezug zu einer mehr oder weniger bestimmten Zeit und einem bestimmten Ort.

Das Erkennen des erinnerten Eindrucks ist recht wichtig. Es reicht nicht aus, den Eindruck zu behalten und sich zu erinnern. Wenn wir nicht in der Lage sind, den erinnerten Eindruck als bereits erlebt zu erkennen, wird uns die Erinnerung nur wenig Nutzen in unseren Denkprozessen bringen; die Zwecke des Denkens verlangen, dass wir in der Lage sind, den erinnerten Eindruck mit dem ursprünglichen zu identifizieren. Erkennen ist wirklich Wiedererkennen und damit Wissen. Erkennen ist ähnlich wie Wahrnehmen. Der Verstand wird sich des erinnerten Eindrucks ebenso bewusst, wie er sich der Empfindung bewusst wird. Dann erkennt er die Beziehung des erinnerten Eindrucks zum ursprünglichen, so wie er die Beziehung der Empfindung zu seinem Objekt erkennt.

Wichtig ist auch die Lokalisierung des erinnerten und erkannten Eindrucks. Selbst wenn wir den erinnerten Eindruck erkennen, wird er uns vergleichsweise wenig nutzen, wenn wir ihn nicht so lokalisieren können, dass er gestern, letzte Woche, letzten Monat, letztes Jahr, vor zehn Jahren oder irgendwann in der Vergangenheit passiert ist; und dass er in unserem Büro, Haus oder an so einem Ort auf der Straße oder an einem entfernten Ort passiert ist. Ohne die Macht der Lokalisierung sollten wir nicht in der Lage sein, die erinnerte Tatsache mit der Zeit, dem Ort und den Personen, mit denen sie uns in unseren Gedankengängen nützlich und wertvoll sein sollte, zu verbinden und zu assoziieren.

SPEICHERUNG.

Das Festhalten eines geistigen Eindrucks im Gedächtnis hängt wesentlich von der Klarheit und Tiefe des ursprünglichen Eindrucks ab. Und diese Klarheit und Tiefe hängt, wie wir bereits erwähnt haben, von dem Grad der Aufmerksamkeit ab, die dem ursprünglichen

Eindruck entgegengebracht wird. Die Aufmerksamkeit ist also der wichtige Faktor bei der Bildung und Aufzeichnung von Eindrücken. Die Regel lautet: Leichte Aufmerksamkeit, schwache Aufzeichnung; ausgeprägte Aufmerksamkeit, klare und tiefe Aufzeichnung. Um diese Tatsache im Kopf zu fixieren, kann der Lernende die Speicherphase und reproduktive Phase des Gedächtnisses als phonographische Aufzeichnung denken. Das Mikrophon des Phonographen repräsentiert die Sinnesorgane, und die Aufzeichnungsnadel, welche die Rillen schneidet, repräsentiert die Aufmerksamkeit. Die Nadel macht die Aufzeichnung auf dem Zylinder tief oder schwach, je nach Zustand der Nadel. Ein lautes Geräusch kann aufgezeichnet werden, aber nur schwach, wenn die Nadel nicht richtig eingestellt ist. Außerdem ist zu bedenken, dass die Stärke der Wiedergabe fast ausschließlich von der Klarheit und Tiefe des ursprünglichen Eindrucks auf dem Zylinder abhängt; so wie die Platte, so ist auch die Wiedergabe. Es wird dem Lernenden gut tun, dieses Symbol des Phonographen im Kopf zu tragen; es wird ihm helfen, seine Erinnerungsfähigkeit zu entwickeln.

In diesem Zusammenhang sollten wir uns daran erinnern, dass die Aufmerksamkeit weitgehend vom Interesse abhängt. Deshalb würden wir natürlich erwarten, dass wir uns viel leichter an interessante Dinge erinnern als an solche, die kein Interesse erzeugen. Diese Vermutung wird durch die tatsächliche Erfahrung bestätigt. Dies erklärt die Tatsache, dass sich jeder an eine bestimmte Klasse von Dingen besser erinnert als an andere. Der eine erinnert sich an Gesichter, ein anderer an Daten, ein anderer an ein gesprochenes Gespräch, wieder ein anderer an geschriebene Worte und so weiter. In der Regel wird man feststellen, dass sich jeder Mensch für die Klasse der Dinge interessiert, an die er sich am leichtesten erinnert. Der Künstler erinnert sich leicht an Gesichter und Details von Gesichtern oder Landschaften und deren Details. Der Musiker erinnert sich leicht an Passagen oder Takte der Musik, die oft sehr kompliziert sind. Der Spekulant erinnert sich leicht an die Notierungen seiner Lieblingsaktien. Der Besucher von Pferderennen erinnert sich ohne Schwierigkeiten an die "Quoten", die an einem bestimmten Tag für ein bestimmtes Pferd veröffentlicht wurden, oder an die Details eines Rennens, das vor vielen Jahren stattfand. Die Moral ist: Wecke das Interesse an den Dingen, an die du dich erinnern möchtest. Dieses Interesse kann durch das Studium der fraglichen Dinge geweckt werden, wie wir in einem vorhergehenden Kapitel vorgeschlagen haben.

VISUALISIERUNG IM GEDÄCHTNIS.

Viele der besten Autoritäten sind der Meinung, dass originale Eindrücke durch die Praxis der Visualisierung der zu erinnernden Dinge klar und tief greifend gemacht werden können, und der Prozess der Reproduktion dementsprechend effizienter gestaltet werden kann. Mit Visualisierung ist die Bildung eines mentalen Bildes der Sache in der Vorstellung gemeint. Wenn Sie sich an die Erscheinung einer Sache erinnern wollen, schauen Sie sie genau an, mit Aufmerksamkeit, und dann wenden Sie sich von ihr ab und versuchen Sie, ihre Erscheinung als geistiges Bild im Geist zu reproduzieren. Wenn dies getan wird, wird ein besonders klarer Eindruck in der Erinnerung haften bleiben, und wenn Sie sich an die Sache erinnern, werden Sie feststellen, dass Sie auch das klare geistige Bild von der Sache abrufen können. Natürlich ist das erinnerte Detail umso größer, je mehr Details beobachtet und in das ursprüngliche geistige Bild aufgenommen wurden.

DIE WAHRNEHMUNG IM GEDÄCHTNIS.

Nicht nur Aufmerksamkeit ist notwendig, um klare Erinnerungsaufzeichnungen zu bilden, sondern auch die sorgfältige Wahrnehmung ist wichtig. Ohne klare Wahrnehmung fehlt es an Details in der aufbewahrten Aufzeichnung, und es fehlt das Element der Assoziation. Es reicht nicht aus, sich nur an die Sache selbst zu erinnern; wir sollten uns auch daran erinnern, was es ist und was alles darüber hinausgeht. Die Praxis der Methoden zur Entwicklung der Wahrnehmung, die in einer vorhergehenden Lektion angegeben wurde, wird dazu neigen, die remanente, reproduktive, erkennende und lokalisierende Kraft des Gedächtnisses zu entwickeln und zu trainieren. Die Regel lautet: Je größer der Grad der Wahrnehmung, der einer Sache zugestanden wird, desto detaillierter ist der festgehaltene Eindruck und desto leichter ist die Erinnerung.

VERSTEHEN UND ERINNERN.

Ein weiterer wichtiger Punkt bei der Gewinnung von Eindrücken in der Erinnerung ist dies: Je besser das Verständnis des Subjekts oder Objekts, desto klarer die Eindrücke, die man von ihm hat, und desto klarer die Erinnerung daran. Diese Tatsache wird durch Experiment und Erfahrung belegt. Ein Thema, an das man sich unter normalen Umständen nur schwer erinnern kann, wird sich leicht erinnern, wenn es der Person vollständig erklärt und von einigen bekannten Abbildungen oder Beispielen begleitet wird. Es ist sehr schwierig, sich an eine bedeutungslose Wortfolge zu erinnern, während ein Satz, der eine klare Bedeutung vermittelt, leicht zu merken ist. Wenn wir verstehen, wofür eine Sache ist, ihren Gebrauch und Einsatz, erinnern wir uns viel leichter daran, als wenn uns dieses Verständnis fehlt. Elbringhaus, der eine Reihe von Experimenten in dieser Richtung durchführte, berichtet, dass er eine Gedichtstrophe in etwa einem Zehntel der Zeit auswendig lernen konnte, die man für das Auswendiglernen der gleichen Menge an Unsinnssilben benötigt. Gordy gibt an, dass er einmal einen fähigen Studenten der John-Hopkins-University gebeten habe, ihm einen Bericht über eine Vorlesung zu geben, die er gerade gehört habe. "Ich kann das nicht", antwortete der Student, "es war nicht logisch." Die Regel lautet: Je mehr man über eine bestimmte Sache weiß, desto leichter fällt es einem, sich daran zu erinnern. Das ist ein bemerkenswerter Punkt.

VIII. Gedächtnisspeicher.

Das Thema der Erinnerung kann nicht intelligent angegangen werden, ohne das Gesetz der Assoziation, eines der wichtigen psychologischen Prinzipien, zu berücksichtigen.

DAS GESETZ DER ASSOZIATION.

Was in der Psychologie als Gesetz der Assoziation bekannt ist, basiert auf der Tatsache, dass keine Idee im Geist existiert, außer in Verbindung mit anderen Ideen. Dies ist nicht allgemein anerkannt, und die Mehrheit der Personen wird das Gesetz auf den ersten Gedanken hin bestreiten. Aber die Existenz und das Erscheinen von Ideen im Verstand werden durch ein geistiges Gesetz geregelt, das so unveränderlich und konstant ist wie das physikalische Gesetz der Gravitation. Jede Idee hat Assoziationen mit anderen Ideen. Ideen reisen in Gruppen, und eine Gruppe ist mit einer anderen Gruppe verbunden, und so weiter, bis am Ende jede Idee im Verstand direkt oder indirekt mit jeder anderen Idee verbunden ist. Theoretisch wäre es zumindest möglich, mit einer Idee im Kopf eines Menschen zu beginnen und dann nach und nach seinen gesamten Ideenvorrat abzuwickeln wie das Garn auf dem Ball. Unsere Gedanken verlaufen nach diesem Gesetz. Wir setzen uns in ein "braunes Arbeitszimmer" und gehen von einem Thema zum anderen, bis wir uns an keinen Zusammenhang zwischen dem ersten und dem letzten Gedanken erinnern können. Aber jeder Schritt der Vorstellung war mit dem vorhergehenden und dem nachfolgenden verbunden. Es ist interessant, diese Verbindungen zurückzuverfolgen. Poe hat eine seiner berühmten Detektivgeschichten auf dieses Gesetz aufgebaut. Die Träumerei kann durch einen plötzlichen Eindruck von außen unterbrochen werden, und wir gehen dann von diesem Eindruck aus, verbinden ihn mit etwas anderem, das wir bereits erlebt haben, und beginnen eine neue Sequenzkette.

Oftmals gelingt es uns nicht, die Assoziationen, die unsere Vorstellungen bestimmen, aufzuspüren, aber die Kette ist trotzdem da. Man kann an eine vergangene Szene oder Erfahrung denken, ohne dass es dafür eine offensichtliche Ursache gibt. Ein kleiner Gedanke wird zeigen, dass etwas Gesehenes oder ein paar Noten eines Liedes, die zu den Ohren schweben, oder der Duft einer Blume, das Binde-glied zwischen Vergangenheit und Gegenwart geliefert hat. Die An-deutung einer duftenden Pflanze wird an ein vergangenes Ereignis erinnern, bei dem das Parfüm eine Rolle gespielt hat; vielleicht trug das Taschentuch eines anderen Menschen den gleichen Geruch. Oder eine alte, bekannte Melodie erinnert an eine Person, etwas oder einen Ort in der Vergangenheit. Ein vertrautes Merkmal im Gesicht eines Passanten wird einen dazu veranlassen, an einen anderen zu denken, der diese Art von Mund, diese geformte Nase oder diesen Ausdruck des Auges hatte - und weg ist er in einer Sequenz von erinnerten Er-fahrungen. Oft mag die Anfangsidee oder die verbindenden Glieder nur schwach im Bewusstsein erscheinen; aber seien Sie versichert, sie sind immer da. Tatsächlich akzeptieren wir dieses Gesetz häufig, unbewusst und ohne uns seiner tatsächlichen Existenz bewusst zu sein. Man macht zum Beispiel eine Bemerkung, und sofort fragen wir uns: "Wie ist er darauf gekommen?", und, wenn wir klug sind, können wir entdecken, was in seinem Geist war, bevor er gesprochen hat.

Es gibt zwei allgemeine Klassen der Assoziation von Ideen in der Erinnerung, nämlich.: (1) Assoziation der Kontiguität und (2) logi-sche Assoziation.

Die Assoziation der Kontiguität ist die Form der Assoziation, die von der vorherigen zeitlichen oder räumlichen Assoziation der Ideen abhängt, die dem Geist eingeprägt wurden. Wenn Sie z.B. die Ehe-leute Wetterhorn kennengelernt haben und ihnen nacheinander vor-gestellt wurden, werden Sie sich danach natürlich an Herrn W. erin-nern, wenn Sie an Frau W. denken, und umgekehrt. An Napoleon werden Sie sich natürlich erinnern, wenn Sie an Wellington denken, oder an Benedict Arnold, wenn Sie an Major André denken, aus demselben Grund. Ebenso werden Sie sich natürlich an b und c erin-nern, wenn Sie an a denken. Ebenso werden Sie an abstrakte Zeit denken, wenn Sie an abstrakten Raum denken, an Donner, wenn Sie an Blitz denken, an Koliken, wenn Sie an grüne Äpfel denken, an Liebe und Mondscheinnächte, wenn Sie an College-Tage denken. Auf die gleiche Weise erinnern wir uns an Dinge, die sich kurz vor oder kurz nach dem Ereignis in unserem Geist im Moment ereignet haben; an Dinge, die dem Ding, an das wir denken, im Raum nahe sind.

Die logische Assoziation hängt von der Beziehung der Ähnlichkeit oder Differenz zwischen mehreren gedachten Dingen ab. Dinge, die auf diese Weise assoziiert werden, sind vielleicht nie zur gleichen Zeit in den Geist gekommen, noch sind sie notwendigerweise in Zeit und Raum miteinander verbunden. Man kann an ein Buch denken und dann durch Assoziation an ein anderes Buch desselben Autors denken oder an einen anderen Autor, der dasselbe Thema behandelt. Oder man kann an ein Buch denken, das dem ersten direkt entgegengesetzt ist, wobei die Beziehung der deutlichen Differenz die assoziierte Idee verursacht. Die logische Assoziation hängt von den inneren Beziehungen ab, und nicht von den äußeren Beziehungen von Zeit und Raum. Diese innere Beziehung zwischen Dingen, die weder in Raum noch Zeit miteinander verbunden sind, wird nur durch Erfahrung und Bildung entdeckt. Der gebildete Mensch erkennt viele Punkte der Beziehung zwischen Dingen, die der ungebildete Mensch für völlig beziehungslos hält. Die Weisheit und das Wissen bestehen weitgehend in der Erkenntnis der Beziehungen zwischen den Dingen.

ASSOZIATION IN DER ERINNERUNG.

Aus einer Betrachtung des Gesetzes der Assoziation folgt, dass, wenn man dem Gedächtnis eine Sache aufprägen will, sollte man, wie eine Autorität sagt: "Vervielfache Assoziationen; verwickle die Tatsache, an die du dich erinnern willst, in ein Netz von so vielen Assoziationen wie möglich, besonders die, die logisch sind." Daher der Rat, die Fakten in Gruppen und Klassen im Gedächtnis zu platzieren. Wie Blackie sagt: "Nichts hilft dem Verstand so sehr wie Ordnung und Klassifizierung. Klassen sind immer wenige, Individuen viele; die Klasse gut zu kennen, bedeutet zu wissen, was am Charakter des Individuums am wesentlichsten ist und was das Gedächtnis am wenigsten belastet."

WIEDERHOLUNG IM GEDÄCHTNIS.

Ein weiteres wichtiges Prinzip der Erinnerung ist, dass die Eindrücke durch Wiederholung Tiefe und Klarheit gewinnen. Wiederholen Sie eine Gedichtzeile einmal, und Sie erinnern sich vielleicht daran; wiederholen Sie sie noch einmal, und Ihre Chancen, sich an sie zu erinnern, werden stark erhöht; wiederholen Sie sie ausreichend oft, und Sie können der Erinnerung nicht entgehen. Die Illustration der Tonbandaufzeichnung wird Ihnen helfen, den Grund dafür zu verstehen. Die Regel lautet: Ständige Wiederholung vertieft die Eindrücke des Gedächtnisses; häufiges Durchsehen und Abrufen des Auswendig gewordenen führt dazu, dass die Aufzeichnungen klar und sauber bleiben, und vertieft den Eindruck bei jedem Durchsehen .

ALLGEMEINE REGELN DES GEDÄCHTNISSES.

Die folgenden allgemeinen Regeln werden dem Lernenden, der sein Gedächtnis entwickeln möchte, helfen:-

Eindrücke hinterlassen.

(1) Aufmerksamkeit schenken.

(2) Interesse wecken.

(3) Manuelle Wahrnehmung.

(4) Verständnis kultivieren.

(5) Assoziationen bilden.

(6) Wiederholen und wiederholen.

Eindrücke abrufen.

(1) Versuchen Sie, das lose Ende der Assoziation zu erreichen, und wickeln Sie dann Ihr Erinnerungsgarn ab.

(2) Wenn Sie sich an einen Eindruck erinnern, senden Sie ihn mit Energie zurück, um den Eindruck zu vertiefen und ihn mit so vielen neuen Assoziationen wie möglich zu verbinden.

(3) Üben Sie jeden Tag ein wenig Auswendiglernen und Erinnern, wenn auch nur eine Verszeile. Das Gedächtnis verbessert sich durch die Übung, und verschlechtert sich durch Vernachlässigung und Nichtgebrauch.

(4) Verlangen Sie einen guten Dienst von Ihrem Gedächtnis, und es wird lernen, darauf zu reagieren. Lerne, ihm zu vertrauen, und es wird sich der Gelegenheit gewachsen zeigen. Wie können Sie erwarten, dass Ihr Gedächtnis einen guten Dienst leistet, wenn Sie es stän-

dig missbrauchen und Jedem von "dem elenden Gedächtnis, das ich habe; ich kann mich nie an etwas erinnern" erzählen? Ihr Gedächtnis ist sehr geeignet, Ihre Aussagen als Wahrheit zu akzeptieren; unsere geistigen Fähigkeiten haben die lästige Angewohnheit, uns in diesen Dingen beim Wort zu nehmen. Sagen Sie Ihrem Gedächtnis, was Sie von ihm erwarten; dann vertrauen Sie ihm und verzichten Sie darauf, es zu missbrauchen und ihm einen schlechten Ruf zu geben.

LETZTER RATSCHLAG.

Erinnern Sie sich schließlich an diese Regel: Sie bekommen aus Ihrem Gedächtnis nur das heraus, was Sie in ihm ablegen. Lege gute, klare und tiefe Eindrücke hinein, und es wird gute, klare und starke Erinnerungen wiedergeben. Betrachten Sie Ihr Gedächtnis als eine phonographische Aufzeichnung, und achten Sie darauf, dass Sie die richtigen Eindrücke darin platzieren. In der Erinnerung ernten Sie das, was Sie gesät haben. Sie müssen dem Gedächtnis etwas geben, bevor Sie von ihm etwas empfangen können. Eines können Sie sicher sein, nämlich, dass Sie feststellen werden, dass das Gedächtnis nicht genügend Interesse an den Dingen hat, um sich an sie zu erinnern, wenn Sie nicht genügend Interesse an den Dingen haben, die Sie sich merken wollen. Das Gedächtnis verlangt Interesse, bevor es sich für die Aufgabe interessiert. Es verlangt Aufmerksamkeit, bevor es sich für die Aufgabe interessiert. Es verlangt Verständnis, bevor es Verständnis geben wird. Es verlangt nach Assoziation, bevor es auf Assoziation reagiert. Es verlangt Wiederholung, bevor es wiederholt. Das Gedächtnis ist ein großartiges Instrument, aber es steht auf seiner Würde und macht seine Rechte geltend. Es gehört zur alten Ordnung - es fordert Entschädigung und glaubt, dass man nur in gleichem Maße geben kann, was man erhält. Unser Rat ist, sich mit dem Gedächtnis vertraut zu machen und sich mit ihm anzufreunden. Behandeln Sie es gut und es wird Ihnen gut dienen. Aber vernachlässigen Sie es, und es wird sich von Ihnen abwenden.

IX. Vorstellungskraft.

DIE Vorstellungskraft gehört zu der allgemeinen Klasse der mentalen Prozesse, die man die Repräsentativität nennt. Damit sind die Prozesse gemeint, in denen die zuvor präsentierten Bewusstseinseindrücke wieder dargestellt oder erneut präsentiert werden.

Wie wir bereits an anderer Stelle angedeutet haben, ist die Imagination für ihre Materialien - ihre Aufzeichnungen früherer Eindrücke - vom Gedächtnis abhängig. Aber die Imagination ist mehr als nur die Erinnerung oder das Erinnern an diese zuvor erlebten und aufgezeichneten Eindrücke. Es gibt, zusätzlich zur Re-Präsentation und Erinnerung, einen Prozess der Anordnung der erinnerten Eindrücke in neuen Formen und neuen Kombinationen. Die Imagination sammelt nicht nur die alten Eindrücke, sondern schafft aus dem so gesammelten Material neue Kombinationen und Formen.

Die Psychologie gibt uns viele haarspalterische Definitionen und Unterscheidungen zwischen einfacher reproduktiver Imagination und Erinnerung, aber diese Unterscheidungen sind technisch und in der Regel für den durchschnittlichen Lernenden verwirrend. In Wahrheit gibt es, wenn überhaupt, nur einen sehr geringen Unterschied zwischen einfacher reproduktiver Imagination und Gedächtnis, obwohl wenn die Imagination sich konstruktiver Aktivität hingibt, ein neues Merkmal in den Prozess eintritt, das bei reinen Gedächtnisoperationen fehlt. In der einfachen reproduktiven Imagination gibt es einfach die Bildung des mentalen Bildes einer früheren Erfahrung - die Reproduktion eines früheren mentalen Bildes. Dies unterscheidet sich nur wenig von der Erinnerung, außer dass das erinnerte Bild klarer und stärker ist. In gleicher Weise gibt es in der gewöhnlichen Erinnerung, in der Manifestation der Erinnerung, oft das gleiche klare, starke geistige Bild, das in der reproduktiven Vorstellungskraft erzeugt wird. Die beiden mentalen Prozesse verschmelzen so eng miteinander, dass es trotz der von den Psychologen angemahnten technischen Unterschiede praktisch unmöglich ist, die Grenze zwischen ihnen zu ziehen. Natürlich ist das bloße Erinnern an einen Menschen, der sich einem präsentiert, dem reinen Erinnern näher als der Vorstellung, denn der Prozess ist der des Erkennens. Aber die Erinnerung oder das Erinnern derselben Person, wenn sie nicht sichtbar ist, ist praktisch die der reproduktiven Vorstellungskraft. Das Gedächtnis in seiner Stufe des Erkennens existiert im kindlichen Geist, bevor sich die reproduktive Vorstellungskraft manifestiert. Letzteres wird daher als ein höherer geistiger Prozess angesehen.

Aber noch höher in der Skala ist das, was als konstruktive Imagination bekannt ist. Diese Form der Imagination erscheint in einer späteren Periode der kindlichen Geistestätigkeit und wird als eine spätere Entwicklung der mentalen Prozesse der Menschen angesehen. Gordy unterscheidet die beiden Phasen der Imagination wie folgt: "Der Unterschied zwischen reproduktiver und konstruktiver Imagination besteht darin, dass die aus der reproduktiven Imagination resultierenden Bilder Kopien vergangener Erfahrungen sind, während die aus der konstruktiven Imagination resultierenden Bilder keine sind.

* * * *

Um zu erfahren, ob ein bestimmtes Bild oder eine Kombination von Bildern das Produkt der reproduktiven oder konstruktiven Vorstellungskraft ist, müssen wir nur lernen, ob es eine Kopie einer vergangenen Erfahrung ist oder nicht. Unsere Erinnerungen sind natürlich fehlerhaft, und wir mögen aus diesem Grund unsicher sein; aber abgesehen davon müssen wir in keinem Zweifel darüber sein, egal was."

Viele Personen, die zum ersten Mal die Aussage von Psychologen hören, dass das Vorstellungsvermögen nur die Bilder, die dem Verstand zuvor eingeprägt wurden, wieder darstellen und neu produzieren oder neu kombinieren kann, sind geneigt, zu beanstanden, dass sie sich Dinge vorstellen können und häufig auch tun, die sie vorher nicht erlebt haben. Aber können sie und tun sie es wirklich? Stimmt es nicht, dass das, was sie für originelle Schöpfungen der Fantasie halten, lediglich neue Kombinationen von ursprünglichen Eindrücken sind? Zum Beispiel hat niemand ein Einhorn gesehen, und doch hat sich jemand seine Form ursprünglich vorgestellt. Aber ein kleiner Gedanke wird zeigen, dass das Bild des Einhorns lediglich das eines Tieres ist, das den Kopf, den Hals und den Körper eines Pferdes hat, mit dem Bart einer Ziege, den Beinen eines Bockes, dem Schwanz eines Löwen und einem langen, sich verjüngenden Horn, das spiralförmig verdreht ist, in der Mitte der Stirn. Jeder der verschiedenen Teile des Einhorns existiert in irgendeinem lebenden Tier, obwohl das Einhorn, das aus all diesen Teilen besteht, außerhalb der Fabel nicht existiert. In der gleichen Weise besteht der Kentaur aus dem Körper, den Beinen und dem Schwanz des Pferdes und dem Stamm, dem Kopf und den Armen eines Menschen. Der Satyr hat den Kopf, den Körper und die Arme eines Menschen, mit den Hörnern, Beinen und Hufen einer Ziege. Die Meerjungfrau hat den Kopf, die Arme und den Rumpf einer Frau, die an der Taille mit dem Körper und dem Schwanz eines Fisches verbunden sind. Der mythologische "Teufel" hat den Kopf, Körper und Arme eines Mannes, mit den Hörnern, Beinen und dem Fuß des unteren Tieres, und einen eigenartigen Schwanz, der aus dem eines Tieres besteht, aber mit einer Speerspitze versehen ist. Jedes dieser Merkmale setzt sich aus bekannten Erfahrungsbildern zusammen. Die Vorstellungskraft mag sich ein Leben lang damit beschäftigen, unmögliche Tiere dieser Art zu erschaffen, aber jeder Teil davon wird sich als etwas finden, das in der Natur existiert und vom Geist der Person, die das seltsame Tier erschafft, erfahren wird.

Ebenso kann sich die Vorstellungskraft eine vertraute Person oder ein vertrautes Ding vorstellen, das sich auf ungewohnte Weise verhält, wobei Letzteres in der Tat keine Grundlage hat, was die einzelne Person oder das Ding betrifft, sondern durch eine gewisse Erfahrung mit anderen Personen oder Dingen gerechtfertigt ist. Man kann sich zum Beispiel leicht das Bild eines Hundes machen, der wie ein Fisch unter Wasser schwimmt oder wie eine Katze auf einen Baum klettert. Ebenso kann man sich ein geistiges Bild von einem gelehrten, verwirrten Hochkanzler oder einem ehrwürdigen Erzbischof von Canterbury machen, der wie ein Clown gekleidet auf dem Kopf steht, einen farbigen Fußball auf den Füßen balanciert, sich die Zunge in die Wange steckt und dem Publikum zuzwinkert. Ebenso kann man sich eine Eisenbahn vorstellen, die durch eine karge Wüste oder einen steilen Berg führt, auf dem noch keine Schiene verlegt ist. Ebenso kann man sich die Brücke über einen Fluss vorstellen. Tatsächlich ist alles auf diese Weise geistig geschaffen, konstruiert oder erfunden - die alten Materialien werden neu kombiniert und neu arrangiert. Einige Psychologen gehen so weit zu sagen, dass kein mentales Bild der Erinnerung eine exakte Wiedergabe des ursprünglichen Eindrucks ist; dass es immer Veränderungen durch die unbewusste Operation der konstruktiven Vorstellungskraft gibt.

46

Die konstruktive Vorstellungskraft ist in der Lage, auf der Suche nach Material "die Dinge in Stücke zu reißen", sowie in ihrer Arbeit des Bauens "die Dinge zusammenzufügen". Die Bedeutung der Imagination in allen Prozessen des intellektuellen Denkens ist groß. Ohne Vorstellungskraft könnte der Mensch keinen intellektuellen Prozess begründen oder manifestieren. Es ist unmöglich, das Thema des Denkens zu betrachten, ohne vorher die Prozesse der Imagination zu betrachten. Und doch ist es üblich, Personen von der Imagination sprechen zu hören, als wäre sie eine Fähigkeit der bloßen Fantasie, nutzlos und ohne Platz in der praktischen Welt des Denkens.

DIE ENTWICKLUNG DER VORSTELLUNGSKRAFT.

Die Vorstellungskraft ist entwicklungs- und ausbildungsfähig. Die allgemeinen Regeln für die Entwicklung der Vorstellungskraft sind praktisch die, die wir im Zusammenhang mit der Entwicklung des Gedächtnisses aufgestellt haben. Es besteht die gleiche Notwendigkeit für viel Material; für die Bildung klarer und tiefer Eindrücke und klarer geistiger Bilder; die gleiche Notwendigkeit für wiederholte Eindrücke und den häufigen Gebrauch und Einsatz des Denkvermögens. Die Praxis des Visualisierens stärkt natürlich die Kraft der Imagination ebenso wie die des Gedächtnisses, wobei die beiden Kräfte in enger Beziehung zueinanderstehen. Die Vorstellungskraft kann gestärkt und trainiert werden, indem man sich bewusst an frühere Eindrücke erinnert und diese dann zu neuen Beziehungen kombiniert. Die Materialien der Erinnerung können auseinandergerissen und dann wieder zusammengefügt und neu gruppiert werden. In gleicher Weise kann man in die Gefühle und Gedanken anderer Personen eintreten, indem man sich an ihrer Stelle vorstellt und sich bemüht, das Leben dieser Personen in der Vorstellung auszuleben. Auf diese Weise kann man eine viel umfassendere und umfassendere Vorstellung von der menschlichen Natur und den menschlichen Motiven entwickeln.

Auch an dieser Stelle sollten wir den Lernenden vor der üblichen Verschwendung der Vorstellungskraft und der Zerstreuung ihrer Kräfte in müßigen Fantasien und Tagträumen warnen. Viele Menschen missbrauchen ihre Vorstellungskraft auf diese Weise und schwächen nicht nur ihre Kraft für effektive Arbeit, sondern verschwenden auch ihre Zeit und Energie. Tagträume sind für die reale, praktische Arbeit des Lebens notorisch untauglich.

FANTASIE UND IDEALE.

Und schließlich sollte der Lernende daran denken, dass in die Kategorie der Vorstellungskraft jene Phase der geistigen Tätigkeit einzuordnen ist, die so viel mit der Gestaltung des Lebens zu tun hat - die Bildung von Idealen. Unsere Ideale sind die Muster, nach denen wir unser Leben gestalten. Entsprechend der Natur unserer Ideale ist der Charakter des Lebens, das wir führen.

Unsere Ideale sind die Träger dessen, was wir Charakter nennen.

Es ist eine Wahrheit, alt wie die Menschheit, die von den Denkern am deutlichsten wahrgenommen wird, die in der Tat "wie ein Mensch in seinem Herzen denkt, so ist er". Der Einfluss unserer Ideale beeinflusst nicht nur unseren Charakter, sondern auch unseren Platz und den Grad unseres Erfolges im Leben. Wir wachsen zu dem, wovon wir Ideale haben. Wenn wir ein Ideal erschaffen, entweder mit allgemeinen Eigenschaften oder aber diese Eigenschaften, wie sie von einer lebenden oder toten Person manifestiert werden, und dieses Ideal immer vor uns halten, können wir nicht anders, als Züge und Eigenschaften zu entwickeln, die denen unseres Ideals entsprechen. Bei sorgfältiger Überlegung wird sich zeigen, dass der Charakter stark von der Natur unserer Ideale abhängt; deshalb sehen wir die Wirkung der Fantasie bei der Charakterbildung.

Außerdem hat unsere Vorstellungskraft einen wichtigen Einfluss auf unser Handeln. So mancher Mensch hat eine unüberlegte oder unmoralische Handlung begangen, die er nicht getan hätte, wenn er die Fantasie besessen hätte, die ihm die wahrscheinlichen Ergebnisse der Handlung gezeigt hätte. Ebenso sind viele Menschen zu großen Taten und Leistungen inspiriert worden, weil ihre Fantasie ihnen die möglichen Ergebnisse einer bestimmten Handlung vor Augen geführt hat. Die "großen Dinge" in allen Lebensbereichen wurden von Menschen ausgeführt, die genügend Fantasie hatten, um sich die Möglichkeiten bestimmter Abläufe oder Pläne vorzustellen. Die Eisenbahnen, Brücken, Telegrafenlinien, Kabelleitungen und andere Werke des Menschen sind das Ergebnis der Fantasie einiger Menschen. Die gute Fee sorgt immer für eine lebhafte und lebendige Fantasie unter den Geschenken, die sie ihren geliebten Patenkindern macht.

Nun hat der alte Philosoph zu den Göttern gebetet: "Und gib mir bei allen eine klare und lebhafte Vorstellungskraft."

Die dramatischen Werte des Lebens hängen von der Qualität der Vorstellungskraft ab. Das Leben ohne Vorstellungskraft ist mechanisch und trostlos. Die Vorstellungskraft mag die Schmerzempfindlichkeit erhöhen, aber sie zahlt dafür, indem sie die Fähigkeit zu Freude und Glück erhöht. Das Schwein hat nur wenig Vorstellungskraft, - wenig Schmerz und wenig Freude, - aber wer beneidet das Schwein? Der Mensch mit einer klaren und aktiven Vorstellungskraft ist in gewissem Maße ein Schöpfer seiner Welt, oder zumindest ein Wiedererschaffer. Er nimmt aktiv an den schöpferischen Aktivitäten des Universums teil, anstatt nur ein Bauer zu sein, der hier und da in das Spiel des Lebens gedrängt wird.

Wiederum hängt die göttliche Gabe der Sympathie und des Verständnisses materiell vom Besitz einer guten Vorstellungskraft ab. Man kann niemals den Schmerz oder die Probleme eines anderen verstehen, wenn man sich nicht zuerst an die Stelle des anderen stellen kann. Im Herzen des Mitgefühls ist die Vorstellungskraft das Herzstück. Man mag eine große Gefühlsfähigkeit besitzen, aber aufgrund eines Mangels an Vorstellungskraft wird dieses Gefühl vielleicht nie in die Tat umgesetzt werden. Der Mensch, der mit anderen sympathisieren würde, muss erst lernen, sie zu verstehen und ihre Gefühle zu fühlen. Dies kann er nur tun, wenn er das richtige Maß an Fantasie hat. Diejenigen, die das Herz der Menschen erreichen, müssen zuerst von den Gefühlen der Menschen erreicht werden. Und das ist nur dem möglich, dessen Vorstellungskraft es ihm ermöglicht, sich in der gleichen Verfassung wie andere vorzustellen und so seine latenten Gefühle und Sympathien und sein Verständnis zu wecken. Man sieht also, dass die Vorstellungskraft nicht nur unser intellektuelles Leben, sondern auch unsere emotionale Natur berührt. Die Imagination ist das Leben der Seele selbst.

X. Die Gefühle.

Wenn wir an den Verstand und seine Aktivitäten denken, sind wir an die allgemeine Vorstellung gewöhnt, dass die geistigen Prozesse hauptsächlich die des Intellekts, der Vernunft und des Denkens sind. Aber in der Tat sind die meisten mentalen Aktivitäten diejenigen, die mit Gefühl und Emotionen zu tun haben. Der Intellekt ist das jüngste Kind des Verstandes, und obwohl seine Anwesenheit in der Art und Weise wie bei allen jüngeren Kindern nachdrücklich zu erkennen ist, so daß man ihn wohl zu Recht als " die Hauptsache " in der Familie betrachten kann, so spielt er doch in Wirklichkeit nur eine verhältnismäßig kleine Rolle in der allgemeinen Arbeit der geistigen Familie. Die Aktivitäten der "fühlenden" Seite des Lebens überwiegen bei weitem die der "denkenden" Seite, sie sind in der Regel viel stärker in ihrem Einfluß und ihrer Wirkung und färben tatsächlich die geistigen Vorgänge unbewußt so ein, daß sie, außer bei einigen wenigen fortgeschrittenen Denkern, ihre besondere Charakteristik ausmachen.

Aber es gibt einen Unterschied zwischen "Gefühl" und "Emotion", wie die Begriffe in der Psychologie verwendet werden. Erstere ist die einfache Phase, Letztere die komplexe. Im Allgemeinen ist die Ähnlichkeit oder der Unterschied ähnlich wie der zwischen Empfindung und Wahrnehmung, wie in einem früheren Kapitel erläutert wurde. Beginnend mit dem Einfachen, um später zum Komplex zu gelangen, werden wir nun das betrachten, was als einfaches "Gefühl" bekannt ist.

Der Begriff "Gefühl", wie er in diesem Zusammenhang in der Psychologie verwendet wird, ist definiert worden als "die einfache angenehme oder unangenehme Seite eines jeden psychischen Zustandes". Diese angenehmen oder unangenehmen Seiten von psychischen Zuständen unterscheiden sich deutlich von dem Akt des Wissens, der sie begleitet. Man kann wahrnehmen und somit "wissen", dass ein anderer zu ihm spricht, und sich der verwendeten Worte und ihrer Bedeutung voll bewusst sein. Normalerweise, und soweit es sich um reine Gedankenprozesse handelt, würde dies den psychischen Zustand vervollständigen. Aber wir müssen sowohl mit der fühlenden als auch mit der denkenden Seite des psychischen Zustandes rechnen. Dementsprechend finden wir, dass die Kenntnis der Worte des anderen, und deren Bedeutung, zu einem psychischen Zustand angenehm oder unangenehm führt. Genauso kann das Lesen der Worte eines Buches, das Hören eines Liedes, oder eine wahrgenommene Sicht oder Szene, zu einem mehr oder weniger starken, angenehmen oder unangenehmen Gefühl führen. Dieses Gefühl des angenehmen oder unangenehmen Bewusstseins ist die wesentliche Eigenschaft dessen, was wir "Gefühl" nennen.

Es ist sehr schwierig, das Gefühl zu erklären, außer in seinen eigenen Begriffen. Wir wissen sehr gut, was wir meinen oder was ein anderer meint, wenn gesagt wird, dass er oder wir "traurig" sind oder "ein freudiges Gefühl" oder "ein Gefühl des Interesses" haben. Und doch wird es uns sehr schwer fallen, den psychischen Zustand zu erklären, außer durch das Gefühl selbst. Unser Wissen hängt ganz von unserer vorherigen Erfahrung des Gefühls ab. Wie eine Autorität sagt: "Wenn wir nie Freude, Schmerz, Angst oder Kummer empfunden haben, kann uns eine vierfache Größe davon nicht verstehen lassen, was ein solcher psychischer Zustand ist. Nicht jeder Geisteszustand zeichnet sich durch starke Gefühle aus. Es gibt bestimmte psychische Zustände, die hauptsächlich mit intellektueller Anstrengung zu tun haben und in denen jede Spur von Gefühl zu fehlen scheint, es sei denn, das "Gefühl" des Interesses oder das Fehlen desselben ist, wie einige behauptet haben, eine schwache Form des Gefühls von Freude oder Schmerz. Die Gewohnheit mag das Gefühl eines Geisteszustandes so lange abstumpfen, bis er scheinbar neutral ist, aber im Allgemeinen bleibt ein schwaches Gefühl von Gleichheit oder Abneigung übrig.

Die elementaren Formen des Gefühls sind eng mit denen des einfachen Empfindens verbunden. Aber Experimente haben gezeigt, dass es einen Unterschied im Bewusstsein gibt. Es wurde entdeckt, dass man sich oft der "Berührung" eines erhitzten Gegenstandes bewusst ist, bevor man sich des daraus resultierenden Gefühls oder Schmerzes bewusst ist. Psychologen haben auf einen weiteren Unterschied hingewiesen, nämlich wenn wir eine Empfindung erleben, sind wir gewohnt, sie auf das äußere Ding zu beziehen, das der Gegenstand der Empfindung ist, wie wenn wir den erhitzten Gegenstand berühren; aber wenn wir eine Empfindung erleben, beziehen wir sie instinktiv auf uns selbst, wie wenn der erhitzte Gegenstand uns Schmerzen bereitet. Wie eine Autorität gesagt hat: "Meine Gefühle gehören mir; aber meine Empfindungen scheinen dem Objekt zu gehören, das sie verursacht hat."

Ein weiterer Beweis für den Unterschied und die Unterscheidung zwischen Empfindung und Gefühl ist die Tatsache, dass die gleiche Empfindung bei verschiedenen Personen, die die Erstere erleben, unterschiedliche Gefühle hervorruft, sogar zur gleichen Zeit. Zum Beispiel wird derselbe Anblick bei der einen Person ein Gefühl der Freude und bei der anderen ein Gefühl der Depression hervorrufen; die gleichen Worte werden bei der einen Person ein Gefühl der Freude und bei der anderen ein Gefühl der Trauer hervorrufen. Dieselbe Empfindung wird bei derselben Person zu verschiedenen Zeiten unterschiedliche Gefühle hervorrufen. Eine Autorität sagt gut: "Man lässt seine Geldbörse fallen und sieht sie auf dem Boden liegen, während man sich bückt, um sie aufzuheben, ohne ein Gefühl von Freude oder Schmerz zu haben. Aber wenn man sie sieht, nachdem man sie verloren hat und lange vergeblich danach gesucht hat, hat man ein ausgeprägtes Gefühl der Freude."

Es gibt eine große Bandbreite von Grad und Art der Gefühle. Gordy sagt: "Alle Formen von Lust und Schmerz heißen Gefühle. Zwischen dem Vergnügen, das sich aus dem Verzehr eines Pfirsichs ergibt, und dem, das sich aus der Lösung eines schwierigen Problems ergibt, oder dem Erlernen einer guten Nachricht von einem Freund, oder wenn man an den Fortschritt der Zivilisation denkt - zwischen dem Schmerz, der sich aus einem Schnitt in der Hand ergibt, und dem, der sich aus dem Scheitern eines lang gehegten Plans oder dem Tod eines Freundes ergibt - liegt eine große Entfernung. Aber die eine Gruppe sind alle Freuden, die andere alle Schmerzen. Und was auch immer die Quelle des Vergnügens oder des Schmerzes ist, es ist das gleiche Gefühl."

Es gibt viele verschiedene Arten von Gefühlen. Einige entstehen durch Empfindungen von körperlichem Komfort oder Unbehagen; andere durch rein physiologische Bedingungen; andere durch die Befriedigung gewohnter Geschmäcker oder die Unzufriedenheit, die durch die Anregung ungewohnter Geschmäcker entsteht; andere durch das Vorhandensein oder Fehlen von Komfort; andere durch das Vorhandensein oder Fehlen von Dingen oder Personen, für die wir eine Zuneigung oder Vorliebe haben. Übermäßiger Genuss verwandelt oft das Gefühl der Freude in das des Schmerzes; und ebenso können Gewohnheit und Praxis dazu führen, dass wir ein lustvolles Gefühl von dem erleben, was früher ein Gefühl der entgegengesetzten Art inspiriert hat. Gefühle unterscheiden sich auch im Grad; das heißt, manche Dinge lassen uns lustvollere Gefühle von größerer Intensität erleben als andere, und manche lassen uns schmerzhafte Gefühle von größerer Intensität erleben als andere. Diese Grade der Intensität hängen mehr oder weniger von der Gewohnheit oder Erfahrung des Einzelnen ab. Als allgemeine Regel können Gefühle in solche eingeteilt werden., die (1) aus körperlichen Empfindungen entstehen, und (2) solche, die aus Ideen entstehen,

Die Gefühle, die von körperlichen Empfindungen abhängen, entstehen entweder aus ererbten Tendenzen und Neigungen oder aus erworbenen Gewohnheiten und Erfahrungen. Es ist ein Axiom der evolutionären Schule, dass jede körperliche Aktivität, die lange Zeit eine Gewohnheit der Menschheit war, zu einer instinktiven, Lust bringenden Aktivität im Individuum wird. Zum Beispiel war die Menschheit über viele Generationen hinweg gezwungen, zu jagen, zu fischen, zu reisen, zu schwimmen usw., um ihre Existenz zu erhalten. Das Ergebnis ist, dass wir, die Nachkommen, an den gleichen Aktivitäten wie Sport, Spiel, Bewegung usw. Freude finden können. Viele unserer Neigungen und Gefühle werden auf diese Weise vererbt. Zu diesen haben wir viele erworbene Gewohnheiten der körperlichen Aktivität hinzugefügt, die der gleichen Regel folgen, d. h., dass Gewohnheit und Praxis mehr oder weniger angenehme Gefühle vermitteln. Wir finden mehr Freude an den Dingen, die wir leicht oder recht gut tun können, als an den gegenteiligen Dingen.

Die von den Vorstellungen abhängigen Gefühle können auch aus der Vererbung entstehen. Viele unserer geistigen Neigungen und Veranlagungen sind aus der Vergangenheit auf uns übergegangen. Es gibt bestimmte Gefühle, die zweifellos angeboren sind; das heißt, es gibt eine große Kapazität für solche Gefühle, die sich bei der Darbietung des richtigen Reizes in Manifestation verwandeln. Andere geistige Gefühle hängen von unseren individuellen Erfahrungen, Assoziationen oder Vorschlägen anderer ab - in der Tat von unserer vergangenen Umgebung. Die Ideale der Menschen um uns herum werden uns unter bestimmten Umständen Freude oder Schmerz bereiten; die Kraft der Suggestion in dieser Richtung ist in der Tat sehr stark. Wir erleben nicht nur Gefühle als Reaktion auf gegenwärtige Empfindungen, sondern die Erinnerung an einige frühere Erfahrungen wird auch

Gefühle wecken. Tatsächlich sind solche Gefühle eng mit der Erinnerung und der Vorstellung verbunden. Personen mit einer lebhaften Vorstellungskraft sind in der Lage, viel mehr zu fühlen als andere. Sie leiden mehr, und sie genießen mehr. Unsere Sympathien, die weitgehend von unserer Vorstellungskraft abhängen, sind die Ursache für viele unserer Gefühle dieser Art.

Viele der Tatsachen, die wir im Allgemeinen dem Gefühl zuschreiben, sind in Wirklichkeit ein Teil der Phänomene der Emotion, wobei letztere die komplexere Phase des Gefühls ist. Für die Zwecke dieser Überlegung haben wir das einfache Gefühl als das Rohmaterial der Emotion betrachtet, wobei die Beziehung mit der zwischen Empfindung und Wahrnehmung bestehenden verglichen wird. In unserer Betrachtung der Emotion werden wir die vollere Manifestation des Gefühls und seine komplexeren Ausdrucksformen sehen.

XI. Die Emotion.

Wie wir in den vorhergehenden Lektionen gesehen haben, ist eine Emotion die komplexere Phase des Gefühls. In der Regel entsteht eine Emotion aus einer Reihe von Gefühlen. Außerdem ist sie von einer höheren Ordnung der geistigen Aktivität. Wie wir gesehen haben, kann ein Gefühl entweder aus einer körperlichen Empfindung oder aus einer Idee entstehen. Die Emotion ist jedoch in der Regel von einer Idee für ihren Ausdruck abhängig, und immer von einer Idee für ihre Richtung und ihren Fortbestand. Das Gefühl ist natürlich der Elementargeist aller Gefühlszustände und, wie eine Autorität sagte, der Faden, an dem die Gefühlszustände aufgefädelt sind.

Halleck sagt: "Wenn repräsentative Ideen auftauchen, erzeugt das Gefühl in Kombination mit ihnen Emotionen. Nachdem sich die Wasser des Missouri mit einem anderen Strom vereinigt haben, erhalten sie einen anderen Namen, obwohl sie in gleichem Maße wie zuvor zum Golf fließen. Nehmen wir an, wir vergleichen das Gefühl durch die Empfindung des Missouri River; den Zug der repräsentativen Ideen mit dem Mississippi vor seiner Einmündung in den Missouri. Die Emotion kann dann mit dem Mississippi verglichen werden, nachdem sich sein Kreuzungspunkt - nach der Empfindung - mit repräsentativen Ideen verbunden hat. Der Gefühlsstrom wird nicht breiter und tiefer sein als zuvor. Diese Analogie wird nur benutzt, um die Unterscheidung deutlicher zu machen. Der Lernende muss sich daran erinnern, dass die geistigen Kräfte nie wirklich so unterschiedlich sind wie zwei Flüsse vor ihrer Vereinigung. * * * * Der Lernende muss sich davor hüten, zu denken, dass wir es mit dem Gefühl getan haben, wenn wir die Emotionen betrachten. So wie das Wasser des Missouri weiterfließt, bis es den Golf erreicht, so durchläuft das Gefühl jeden Gefühlszustand." In der obigen Analogie bedeutet der Begriff "repräsentative Ideen" natürlich die Ideen des Gedächtnisses und der Vorstellungskraft, wie sie in den vorherigen Kapiteln erläutert wurden.

Es besteht eine enge Beziehung zwischen der Emotion und ihrem physischen Ausdruck - eine eigenartige gegenseitige Aktion und Reaktion zwischen dem psychischen Zustand und der damit verbundenen physischen Aktion. Die Psychologen sind hinsichtlich dieser Be-

ziehung geteilter Meinung. Eine Schule geht davon aus, dass der körperliche Ausdruck dem psychischen Zustand folgt und aus ihm resultiert. Zum Beispiel hören oder sehen wir etwas und erfahren darauf-
hin das Gefühl oder die Emotion von Wut. Dieses emotionale Gefühl
reagiert auf den Körper und verursacht einen erhöhten Herzschlag,
ein festes Schließen der Lippen, ein Stirnrunzeln und gesenkte Au-
genbrauen und geballte Fäuste. Oder wir können etwas wahrnehmen,
das das Gefühl oder die Emotion der Angst verursacht, das auf den
Körper reagiert und Blässe, Hochstecken der Haare, Fallenlassen des
Kiefers, Öffnen der Augenlider, Zittern der Beine usw. hervorruft.
Nach dieser Schule und der populären Vorstellung geht der psychische Zustand dem körperlichen Ausdruck voraus und verursacht ihn.

Aber eine andere Schule der Psychologie, bei der der verstorbene
Prof. William James eine führende Autorität ist, behauptet, dass der
körperliche Ausdruck dem psychischen Zustand vorausgeht und diesen verursacht. In den oben zitierten Fällen zum Beispiel verursacht
die Wahrnehmung des Zorn oder Angst auslösenden Blicks zuerst
eine Reflexwirkung auf die Muskeln, entsprechend den ererbten
menschlichen Ausdrucksgewohnheiten. Dieser muskuläre Ausdruck
und diese Aktivität wiederum wird als Reaktion auf den Geist angesehen und verursacht das Gefühl oder die Emotion von Wut oder
Angst, je nach Fall. Professor James argumentiert in einigen seiner
Werke zwingend für diese Theorie, und seine Ansichten haben das
wissenschaftliche Denken der damaligen Zeit zu diesem Thema beeinflusst. Andere jedoch haben versucht, seine Theorie mit ebenso
zwingenden Argumenten zu bekämpfen, und das Thema wird immer
noch in psychologischen Kreisen lebhaft und energisch diskutiert.

Ohne in der oben genannten Kontroverse Partei zu ergreifen, gehen viele Psychologen von der Hypothese aus, dass es eine gegenseitige Aktion und Reaktion zwischen emotionalen Geisteszuständen
und deren angemessenem physischen Ausdruck gibt, wobei jeder in
einem Maß die Ursache des anderen und jeder ebenfalls die Wirkung
des anderen ist. Zum Beispiel verursacht in den oben zitierten Fällen
die Wahrnehmung der Zorn oder eine Angst erzeugende Sicht fast
oder ziemlich gleichzeitig den emotionalen Geisteszustand der Wut
oder Angst und deren physischen Ausdruck. Dann folgt schnell eine
Reihe von geistigen und körperlichen Reaktionen. Der psychische
Zustand wirkt auf den körperlichen Ausdruck ein und intensiviert
ihn. Der körperliche Ausdruck wiederum reagiert auf den mentalen

Zustand und bewirkt einen intensiveren Grad des emotionalen Gefühls. Und so weiter, bis der geistige Zustand und der körperliche
Ausdruck ihren höchsten Punkt erreichen und dann beginnen, sich
nach Erschöpfung der Energie abzuschwächen. Diese mittlere Konzeption erfüllt alle Anforderungen der Tatsachen und ist wahrscheinlich fast richtiger als jede extreme Theorie.

Darwin hat in seinem Klassiker "Der Ausdruck der Emotionen bei
Mensch und Tier" ein großes Licht auf das Thema des Ausdrucks
von Emotionen in körperlichen Bewegungen geworfen. Der Florenti-
ner Wissenschaftler Paolo Mantegazza ergänzte Darwins Werk mit
eigenen Ideen und unzähligen Beispielen aus seiner eigenen Erfahrung und Beobachtung. Auch das Werk von François Delsarte, dem
Begründer der nach ihm benannten Schule des Ausdrucks, ist eine
wertvolle Ergänzung der Überlegungen zu diesem Thema. Das Thema der Beziehung und der Reaktion zwischen emotionaler Empfindung und körperlichem Ausdruck ist ein höchst faszinierendes Thema, bei dem wir noch interessante und wertvolle Entdeckungen erwarten dürfen.

Die oben erwähnte Beziehung und Reaktion ist nicht nur aus the-
oretischer Sicht interessant, sondern auch wegen ihrer praktischen
Anwendung in der emotionalen Entwicklung und im Training. Es ist
eine etablierte Wahrheit der Psychologie, dass jeder körperliche Ausdruck eines emotionalen Zustandes dazu dient, diesen zu intensivie-
ren; es ist wie das Gießen von Öl in Feuer. Ebenso ist es wahr, dass
die Verdrängung des körperlichen Ausdrucks einer Emotion die Tendenz hat, die Emotion selbst zu hemmen und zu bremsen.

Halleck sagt: "Wenn wir einen Menschen beobachten, der wütend
wird, werden wir sehen, wie die Emotion zunimmt, wenn er laut
spricht, die Stirn runzelt, die Faust bückt und wild gestikuliert. Jeder
Ausdruck seiner Leidenschaft wird auf die ursprüngliche Wut zu-
rückreflektiert und gibt dem Feuer neuen Schwung. Wenn er die
muskulösen Ausdrücke seiner Wut entschlossen hemmt, wird sie keine große Intensität erreichen, und sie wird bald einen stillen Tod sterben.

* * * *

Nicht ohne Grund werden jene Personen als kaltblütig bezeichnet,
die gewöhnlich den Ausdruck ihrer Emotionen so weit wie möglich
zurückhalten; die niemals die Stirn runzeln oder irgendwelche Ge-

fühle in ihre Töne legen, selbst wenn ein Unrecht, das jemandem zugefügt wurde, aggressive Maßnahmen verlangt. Hier gibt es keine Welle des körperlichen Ausdrucks, die zurückfließt und den emotionalen Zustand erhöht."

In diesem Zusammenhang machen wir Sie auf die bekannte und oft zitierte Passage aus den Werken von Prof. William James aufmerksam: "Weigere dich, eine Leidenschaft auszudrücken, und sie stirbt. Zählen Sie bis zehn, bevor Sie Ihrem Zorn Luft machen, und der Anlass erscheint lächerlich. Das Pfeifen, um den Mut aufrechtzuerhalten, ist keine bloße Redewendung. Sitzen Sie dagegen den ganzen Tag in einer trübseligen Haltung, seufzen Sie und antworten Sie auf alles mit einer düsteren Stimme, und Ihre Melancholie bleibt bestehen. Es gibt kein wertvolleres Gebot in der moralischen Erziehung als dieses, wie alle, die Erfahrung haben, wissen: Wenn wir unerwünschte emotionale Tendenzen in uns selbst überwinden wollen, müssen wir eifrig und vor allem kaltblütig die Äußerungen jener gegensätzlichen Veranlagungen ertragen, die wir lieber kultivieren. Glätten Sie die Stirn, erhellen Sie das Auge, ziehen Sie den Rückenstatt den Bauchteil des Körpers zusammen, und sprechen Sie in Dur, und Ihr Herz muss in der Tat frigide sein, wenn es nicht allmählich auftaut".

In diesem Sinne sagt Halleck: "Schauspieler haben schon oft bezeugt, dass Emotionen entstehen, wenn sie die entsprechenden Muskelbewegungen durchlaufen. Wenn sie mit einer entsprechenden Haltung auf der Bühne sprechen, die Fäuste umklammern und die Stirn runzeln, werden sie oft richtig wütend; und wenn sie mit einem falschen Lachen beginnen, werden sie fröhlich. Ein deutscher Professor sagt, dass er nicht mit dem flotten Schritt und der munteren Art eines Schulmädchens gehen kann, ohne sich frivol zu fühlen".

Der weise Lernende wird eine große Kontrolle über seine emotionale Natur erlangen, wenn er die obigen Aussagen und Zitate erneut liest und studiert, bis er ihren Geist und ihr Wesen erfasst hat. In diesen wenigen Zeilen wird ihm eine Philosophie der Selbstkontrolle und Selbstbeherrschung gegeben, die ihm viel wert sein wird, wenn er sie in der Praxis anwendet. Geduld, Ausdauer, Übung und Wille sind erforderlich, aber die Belohnung ist groß. Sogar für diejenigen, die nicht die Beharrlichkeit haben, diese Wahrheit vollständig anzuwenden, wird es eine teilweise Belohnung geben, wenn sie sie so weit wie möglich nutzen, um jeden ungebührlichen körperlichen Ausdruck unerwünschter emotionaler Erregung zu unterdrücken.

Manche Schriftsteller scheinen die Fähigkeit zu großer emotionaler Erregung und Ausdruck als Zeichen eines reichen und vollen Charakters oder einer edlen Seele zu betrachten. Das ist weit davon entfernt, wahr zu sein. Es ist zwar eine Tatsache, dass die Kultivierung bestimmter Gefühle dazu neigt, einen edlen Charakter und ein volles Leben zu schaffen, aber es ist ebenso wahr, dass die Neigung zum "Schwärmen" und zum Ausleben hysterischer oder sentimentaler Ausschweifungen ein Zeichen einer schlecht beherrschten Natur und eines schwachen, nicht starken Charakters ist. Außerdem ist es eine Tatsache, dass der Überschuss an emotionaler Erregung und Ausdruck zur Zerstreuung der feineren und edleren Gefühle neigt, die sonst ein Ventil im tatsächlichen Tun und praktischen Handeln suchen würden. In der Sprache des alten schottischen Lokomotivführers in der Geschichte sind sie wie die alte Lokomotive, die "so viel Dampf an der Pfeife verbraucht, dass sie nicht mehr vorbeifahren kann".

Emotionale Erregung und Ausdruck sind weitgehend von Gewohnheit und Schwäche abhängig, obwohl es natürlich einen großen Unterschied in der emotionalen Natur und den Tendenzen der verschiedenen Personen gibt. Emotionen, wie körperliche Handlungen oder intellektuelle Prozesse, werden durch Wiederholung zur Gewohnheit. Und Gewohnheit macht alle körperlichen oder geistigen Handlungen leicht wiederholbar. Jedes Mal, wenn man Ärger manifestiert, wird der mentale Weg tiefer und es ist leichter, diesen Weg beim nächsten Mal zu gehen. Auf die gleiche Weise wird es jedes Mal, wenn der Zorn besiegt und gehemmt wird, leichter sein, ihn beim nächsten Mal zu bändigen. Auf die gleiche Weise können wünschenswerte Gewohnheiten der Emotionen und des Ausdrucks gebildet werden.

Ein weiterer Punkt bei der Kultivierung, Schulung und Zurückhaltung der Emotionen ist der, der mit der Kontrolle der Ideen zu tun hat, die wir in den Geist kommen lassen. Ideelle Gewohnheiten können sich bilden - sie werden tatsächlich von der Mehrheit der Personen gebildet. Wir können die Gewohnheit kultivieren, die Dinge von der positiven Seite her zu betrachten; das Beste in den Menschen zu suchen, denen wir begegnen; das Beste statt des Schlechtesten zu erwarten. Indem wir uns entschieden weigern, Ideen willkommen zu heißen, die darauf abzielen, bestimmte Emotionen, Gefühle, Leidenschaften, Wünsche, Empfindungen oder ähnliche psychische Zustände zu wecken, können wir viel tun, um das Erregen der Emotion selbst zu verhindern. Emotionen werden gewöhnlich durch eine Idee hervorgerufen, und wenn wir die Idee ausschließen, können wir das Erscheinen des emotionalen Gefühls verhindern. In diesem Zusammenhang kann die universelle Regel der Psychologie angewendet werden: Ein psychischer Zustand kann gehemmt werden, indem die Aufmerksamkeit auf den entgegengesetzten psychischen Zustand gelenkt wird.

Die Kontrolle der Aufmerksamkeit ist in Wirklichkeit die Kontrolle über jeden psychischen Zustand.

Wir können den Willen in Richtung der Kontrolle der Aufmerksamkeit - der Entwicklung und Richtung der freiwilligen Aufmerksamkeit - einsetzen und so tatsächlich jede Phase der geistigen Aktivität kontrollieren. Der Wille ist dem Ego oder dem zentralen Wesen des Menschen am nächsten, und die Aufmerksamkeit ist das Hauptwerkzeug und Instrument des Willens. Diese Tatsache kann nicht allzu oft wiederholt werden. Wenn sie dem Verstand eingeprägt wird, wird sie sich in vielen Notfällen des geistigen Lebens als nützlich und wertvoll erweisen. Derjenige, der seine Aufmerksamkeit kontrolliert, kontrolliert seinen Verstand, und indem er seinen Verstand kontrolliert, kontrolliert er sich selbst.

XII. Die instinktiven Emotionen.

Viele Versuche, die Emotionen zu klassifizieren, wurden von den Psychologen gemacht, aber die besten Autoritäten sind der Meinung, dass über den Zweck der gewöhnlichen Bequemlichkeit bei der Betrachtung des Themas hinaus jede Klassifizierung wissenschaftlich nutzlos ist, da sie unvollständig ist. Wie James es geschickt formuliert: "Jede Klassifizierung der Emotionen wird als so wahr und natürlich wie jede andere angesehen, wenn sie nur einem Zweck dient." Die Schwierigkeit bei der versuchten Klassifizierung ergibt sich aus der Tatsache, dass jede Emotion mehr oder weniger komplex ist und aus verschiedenen Gefühlen und Schattierungen emotionaler Erregung besteht. Jede Emotion verschmilzt mit den anderen. So wie einige wenige Elemente der Materie in Hunderttausenden von Kombinationen gruppiert werden können, so können die Elemente des Gefühls in Tausenden von Gefühlsnuancen gruppiert werden. Man sagt, dass die beiden Elemente Kohlenstoff und Wasserstoff Kombinationen bilden, die zu fünftausend Sorten materieller Substanz führen, "von Anthrazit bis Sumpfgas, von schwarzem Koks bis zu farblosem Naphtha". Dasselbe kann man von den emotionalen Kombinationen sagen, die aus zwei Hauptelementen des Gefühls gebildet werden. Darüber hinaus erschwert die enge Unterscheidung zwischen Empfindung und Gefühl einerseits und zwischen Gefühl und Emotion andererseits die Aufgabe zusätzlich.

Für die Zwecke unserer Betrachtung wollen wir die Emotionen in fünf allgemeine Klassen einteilen, und zwar wie folgt (1) instinktive Emotionen, (2) soziale Emotionen, (3) religiöse Emotionen, (4) ästetische Emotionen, (5) intellektuelle Emotionen. Wir werden nun nacheinander jede der oben genannten fünf Klassen betrachten.

DIE INSTINKTIVEN EMOTIONEN.

Instinkt wird definiert als "unbewusste, unwillkürliche oder unvernünftige Aufforderung zu einer Handlung" oder "der natürliche unvernünftige Impuls, durch den ein Tier zur Ausführung einer Handlung geführt wird, ohne an eine Verbesserung der Methode zu denken". Eine Autorität sagt: "Der Instinkt ist ein natürlicher Impuls, der Tiere dazu bringt, sogar vor jeder Erfahrung bestimmte Handlungen auszuführen, die zum Wohlergehen des Individuums oder zum Fortbestand der Spezies beitragen, offenbar ohne das Objekt zu verstehen, auf das sie abzielen sollen, oder ohne zu überlegen, welche Methoden am besten anzuwenden sind. In vielen Fällen, wie bei der Konstruktion der Waben der Biene, gibt es eine Perfektion des Ergebnisses, die der vernünftige Mensch nicht hätte erreichen können, außer durch eine Anwendung der höheren Mathematik, um die ausgeführten Operationen zu lenken. Darwin ist der Ansicht, dass die Tiere in der Vergangenheit wie heute in ihren geistigen Eigenschaften variiert haben, und dass diese Variationen vererbt werden. Auch die Instinkte variieren in einem Naturzustand leicht. So kann die natürliche Auslese sie letztendlich zu einem hohen Grad an Perfektion führen."

Früher war es Mode, den Instinkten der niederen Tiere und des Menschen so etwas wie "angeborene Ideen" zuzuschreiben, die jeder Spezies eingepflanzt und danach durch Vererbung weitergeführt wurden. Aber die Anwendung der Idee der Evolution auf die Wissenschaft der Psychologie hat dazu geführt, dass diese alten Ideen weggefegt wurden. Heute gilt, dass das, was wir "Instinkt" nennen, das Ergebnis einer allmählichen Entwicklung im Laufe der Evolution ist, wobei die gesammelten Erfahrungen der Lebewesen in einem spezifischen Gedächtnis[1] gespeichert werden und jedes Individuum durch seine erworbenen Gewohnheiten und Erfahrungen ein wenig dazu beiträgt. Die Psychologen sind nun der Meinung, dass die niederen Formen dieser Tendenzen rein reflexartigen Handlungen sehr ähnlich sind, und die höheren Formen, die als "instinktive Emotionen" bezeichnet werden, sind Phänomene des Unterbewusstseins, die aus dem spezifischen Gedächtnis und der Erfahrung der Spezies resultieren.

Clodd sagt: "Der Instinkt ist die höhere Form der Reflexhandlung. Der Lachs wandert vom Meer zum Fluss; der Vogel baut sein Nest oder wandert auf einer unveränderlichen Route von einer Zone zur anderen und lässt sogar seine Jungen zum Sterben zurück; die Biene baut ihre sechsseitige Wabe; die Spinne spinnt ihr Netz; das Küken bricht sich seinen Weg durch die Schale, balanciert sich aus und nimmt Maiskörner auf; das neugeborene Kind saugt an der Brust der

---

1 Anm. d. Hrsg.: Heute nimmt man an, dass dieses spezifischen Gedächtnis sich in den Genen befindet. Man spricht auch von epigenetischen Veränderungen bzw. Epigenetischer Prägung durch die Erfahrung, und zwar ohne die DNA zu verändern.

Mutter - alles aufgrund von ähnlichen Handlungen der Vorfahren, die, da sie aus den Bedürfnissen der Kreatur entstanden sind und allmählich automatisch werden, sich während langer Zeitalter nicht verändert haben, wobei die Neigung, sie zu wiederholen, in dem Keim übertragen wird, aus dem Insekt, Fisch, Vogel und Mensch einzeln hervorgegangen sind."

Schneider sagt: "Es ist eine Tatsache, dass Menschen, besonders in der Kindheit, Angst haben, in eine dunkle Höhle oder einen düsteren Wald zu gehen. Dieses Gefühl der Angst entsteht zwar zum Teil dadurch, dass wir gerne vermuten, dass in diesen Orten gefährliche Bestien lauern - ein Verdacht, der auf Geschichten zurückzuführen ist, die wir gehört und gelesen haben. Aber andererseits ist es ziemlich sicher, dass diese Angst bei einer bestimmten Wahrnehmung auch direkt vererbt wird. Kinder, die sorgfältig vor allen Geistergeschichten bewahrt wurden, haben trotzdem Angst und weinen, wenn sie an einen dunklen Ort geführt werden, besonders wenn dort Geräusche gemacht werden. Selbst ein Erwachsener kann leicht beobachten, dass nachts in einem einsamen Wald eine unbehagliche Scheu ihn überkommt, obwohl er die feste Überzeugung hat, dass nicht die geringste Gefahr in der Nähe ist. Dieses Gefühl der Angst tritt bei vielen Menschen sogar in ihren eigenen Häusern nach Einbruch der Dunkelheit auf, obwohl es in einer dunklen Höhle oder einem dunklen Wald viel stärker ist. Die Tatsache einer solchen instinktiven Furcht ist leicht zu erklären, wenn wir bedenken, dass unsere wilden Vorfahren durch undenkbare Generationen hindurch gewohnt waren, in Höhlen gefährlichen Bestien, besonders Bären, zu begegnen, und zum größten Teil in der Nacht und in den Wäldern von solchen Bestien angegriffen wurden, und dass somit eine untrennbare Verbindung zwischen den Wahrnehmungen von Dunkelheit, Höhlen, Wäldern und Furcht stattfand und vererbt wurde".

James sagt: "Nichts ist verbreiteter als die Bemerkung, dass der Mensch sich von niederen Geschöpfen durch das fast völlige Fehlen von Instinkten und die Übernahme ihrer Arbeit durch den Verstand unterscheidet."

* * * *

Wir können getrost sagen, dass, wie unsicher die Reaktionen des Menschen auf seine Umwelt im Vergleich zu denen der niederen Säugetiere manchmal auch erscheinen mögen, die Unsicherheit wahrscheinlich nicht auf den Besitz irgendwelcher Handlungsprinzipien zurückzuführen ist, die ihm fehlen. Im Gegenteil, der Mensch besitzt alle Impulse, die sie haben, und noch viel mehr.

* * * *

Höhen verursachen Angst von einer eigentümlichen, krankmachenden Art, obwohl auch hier die Individuen sich unterscheiden. Der völlig blinde, instinktive Charakter der motorischen Impulse zeigt sich hier dadurch, dass Ängste fast immer völlig unbegründet sind, dass aber die Vernunft nicht in der Lage ist, sie zu unterdrücken.

* * * *

Bestimmte Vorstellungen von übernatürlicher Handlung, die mit realen Umständen verbunden sind, erzeugen eine eigenartige Art des Grauens. Dieser Horror ist wahrscheinlich als das Ergebnis einer Kombination von einfachen Schrecken zu erklären. Um den geisterhaften Schrecken auf ein Maximum zu bringen, müssen viele ungewöhnliche Elemente des Schrecklichen miteinander kombiniert werden, wie Einsamkeit, Dunkelheit, unerklärliche Geräusche, besonders von düsterem Charakter, bewegte Bilder, die nur halb wahrgenommen werden (oder, wenn sie wahrgenommen werden, von schrecklichem Aspekt), und eine schwindelerregende Verwirrung der Erwartung.

* * * *

Angesichts der Tatsache, dass Leichen-, Reptilien- und unterirdische Schrecken in vielen Albträumen und Formen des Deliriums eine so spezifische und konstante Rolle spielen, scheint es nicht ganz unklug zu fragen, ob diese Formen schrecklicher Umstände nicht in einer früheren Zeit vielleicht eher normale Objekte der Umwelt waren als heute. Der Evolutionist dürfte keine Schwierigkeiten haben, diese Schrecken und die Szenerie, die sie hervorrufen, als Rückfälle in das Bewusstsein der Höhlenmenschen zu erklären, ein Bewusstsein, das in uns normalerweise von Erfahrungen neueren Datums überlagert ist".

Instinktive Emotionen manifestieren sich als ein Impuls, der aus den düsteren Vertiefungen des Gefühls oder der emotionalen Natur entsteht - ein Anreiz zu einem schwach bewussten Ende. Sie unterscheidet sich von der fast rein automatischen Natur bestimmter Formen von Reflexen, denn ihr Anfang ist ein Gefühl, das aus den unterbewussten Regionen entsteht und eine bewusste Willensaktivität anregt. Das Gefühl kommt aus dem Unterbewusstsein, aber die Aktivität ist bewusst. Das Ergebnis wird vielleicht nicht im Bewusstsein wahrgenommen, oder zumindest wird es nur schwach wahrgenommen, aber die Handlung, die zum Ergebnis führt, ist im vollen Bewusstsein. Man sieht, dass der Instinkt seinen Ursprung in den vergangenen Erfahrungen der Gattung hat, durch Vererbung übertragen und in einem spezifischen Gedächtnis bewahrt wird. Der Instinkt hat die Erhaltung des Individuums und der Spezies zum Ziel. Sein Zweck ist oft etwas, das weit in der Zukunft liegt, oder das Wohlergehen der gesamten Spezies betrifft und nicht das Wohlergehen des Individuums. So ist es zum Beispiel bei der Raupe, die für ihre zukünftigen Zustände (Schmetterling) sorgt, oder beim Vogel, der sein Nest baut, oder bei den Bienen, die Waben bauen und ihren Nachfolgern Honig liefern, denn nur sehr wenige Bienen überleben, um an dem Honig, den sie gesammelt und gelagert haben, teilzuhaben - sie werden vom "Geist des Bienenstocks" motiviert.

Die elementarsten Formen der instinktiven Emotionen sind diejenigen, die mit der Erhaltung des Individuums, seinem Komfort und seinem persönlichen körperlichen Wohlbefinden zu tun haben. Diese Klasse von Emotionen umfasst das, was allgemein als rein "egoistische" Gefühle bekannt ist, die wenig oder keine Sorge um das Wohlergehen anderer haben. In dieser Klasse finden wir die emotionalen Gefühle, die mit der Befriedigung von Hunger und Durst, mit der Sicherung einer bequemen Unterkunft und warmer Kleidung und mit dem Kampf- und Streitgeist, der aus dem Wunsch entsteht, diese zu erlangen, zu tun haben. Diese Elementargefühle haben schon früh in der Geschichte des Lebens ihre Geburt erlebt, und tatsächlich hing das Leben selbst sehr materiell von ihnen ab, um es zu erhalten und fortzuführen. Es war notwendig, dass das primitive Lebewesen "egoistisch" war. Als der Mensch auftauchte, überlebten nur diejenigen, die diese Gefühle stark manifestierten; die anderen wurden an die Wand gedrückt und gingen zugrunde. Sogar in unserer Zivilisation wird der Mensch, der in dieser Klasse von Gefühlen unter dem Durchschnitt liegt, es schwer haben zu überleben.

XIII. Die Leidenschaften.

Ausgehend von den elementarsten instinktiven Emotionen finden wir das, was man als "die Leidenschaften" bezeichnen könnte. Mit dem Begriff "Leidenschaft" sind jene starken Gefühle gemeint, in denen sich die elementaren selbstsüchtigen Instinkte im Verhältnis zu anderen Personen manifestieren, entweder in der Phase der Anziehung oder der Abstoßung. In dieser Klasse finden wir die elementaren Phasen der Liebe und die Gefühle von Hass, Wut, Eifersucht, Rache, etc. Diese Klasse von Emotionen manifestiert sich im Vergleich zu den anderen Emotionen meist heftig. Die Leidenschaften entstehen im Allgemeinen aus Selbsterhaltung, Gattungserhaltung und Reproduktion, Eigeninteresse, Selbstverherrlichung usw. und können als eine komplexere Phase der elementaren instinktiven Emotionen betrachtet werden. Die elementaren instinktiven Emotionen der Selbsterhaltung und des Selbstkomforts bewirken, dass das Individuum die leidenschaftlichen Emotionen des Kampfes, der Wut, des Hasses, der Rache usw. erlebt und manifestiert, während die instinktiven Emotionen, die zur Fortpflanzung und zum Fortbestand der Gattung führen, die leidenschaftlichen Emotionen der sexuellen Liebe, der Eifersucht usw. hervorrufen. Der Wunsch, das andere Geschlecht anzuziehen, steigert Ehrgeiz, Eitelkeit, die Liebe zur Zurschaustellung und andere Gefühle.

Erst wenn diese Klasse von Emotionen mit den höheren Emotionen verschmilzt, werden die Leidenschaften gereinigt und verfeinert. Aber man darf nicht vergessen, dass diese Emotionen für das Wohlergehen der Gattung in der frühen Phase ihrer Entwicklung sehr notwendig waren und dass sie unter der mehr oder weniger großen Zurückhaltung der zivilisierten Gesellschaft immer noch eine aktive Rolle im menschlichen Leben spielen. Man darf auch nicht vergessen, dass aus diesen Emotionen die höchste Liebe eines Menschen zu einem anderen Menschen entstanden ist. Aus der instinktiven sexuellen Liebe und dem "Gattungsinstinkt" hat sich die höhere Zuneigung des Mannes zur Frau und der Frau zum Mann in all ihren schönen Erscheinungsformen entwickelt - und die Liebe der Eltern zum Kind und die Liebe des Kindes zu den Eltern. Die erste Manifestation des Altruismus entsteht in der Liebe des Lebewesens zu seinem Partner und in der Liebe der Eltern zu ihren Nachkommen. In bestimmten

Lebensformen, in denen die Vereinigung der Geschlechter nur für den Augenblick erfolgt und auf die kein Schutz, keine gegenseitige Hilfe und keine Gemeinschaft folgt, findet man ein Fehlen jeglicher gegenseitigen Zuneigung, sondern nur einen elementaren Fortpflanzungstrieb, der Mann und Frau für den Augenblick zusammenführt - eine fast rein reflexartige Aktivität. In gleicher Weise wird bei bestimmten Tieren (z. B. der Klapperschlange), bei denen sich die Jungen von Geburt an schützen können, ein völliges Fehlen von elterlicher Zuneigung oder deren Rückkehr festgestellt.

Die menschliche Liebe zwischen den Geschlechtern, in ihren höheren und niedrigeren Graden, ist eine natürliche Entwicklung aus einer leidenschaftlichen Emotion niedrigen Grades, aufgrund des Wachstums der sozialen, ethischen, moralischen und ästhetischen Emotionen, die aus den Notwendigkeiten der zunehmenden Komplexität und Entwicklung des menschlichen Lebens entstehen.

Die einfacheren Formen der leidenschaftlichen Emotionen sind in ihrer Manifestation fast vollständig instinktiv. In der Tat scheint es in vielen Fällen nur eine hohe Form der reflexartigen Nerventätigkeit zu geben. Die folgenden Worte von William James geben uns einen interessanten Einblick in diese Tatsache des Lebens: "Die Katze rennt der Maus nach, rennt oder vermeidet den Kampf mit dem Hund, vermeidet es, von Mauern und Bäumen zu fallen, scheut Feuer und Wasser, nicht weil sie irgendeine Ahnung vom Leben oder vom Tod oder von Selbsterhaltung hat. Sie handelt in jedem Fall selbständig und einfach, weil sie nicht anders kann; sie ist so beschaffen, dass sie, wenn dieses besondere Laufding, die Maus, in ihrem Blickfeld erscheint, verfolgen muss; dass sie, wenn dieses besondere bellende und aufdringliche Ding, der Hund, dort erscheint, sich zurückziehen muss, dass sie ihre Pfoten vom Wasser und ihr Gesicht von Flammen fernhalten muss, usw.

* * * *

Nun, warum tun die verschiedenen Tiere, was uns so seltsam erscheint, in der Gegenwart von so seltsamen Reizen? Warum unterwirft sich z.B. die Henne der Strapaze, eine so furchtbar uninteressante Menge von Objekten wie ein Nest voller Eier zu brüten, es sei denn, sie hat eine Art prophetische Ahnung von dem Ergebnis? Die einzige Antwort ist menschlicher Art. Wir können den Instinkt von Bestien nur durch das interpretieren, was wir von Instinkten in uns selbst wissen. Warum legen sich Menschen immer auf weiche Betten, wenn sie es können, anstatt auf weiche Böden? Warum sitzen sie an einem kalten Tag um einen Ofen herum? Warum stellen sie sich in einem Raum, in neunundneunzig von hundert Malen, mit dem Gesicht zur Mitte und nicht zur Wand? Warum interessiert sich das Mädchen so sehr für die Jugendlichen, dass alles an ihnen wichtiger und bedeutsamer erscheint als alles andere auf der Welt? Man kann nicht mehr sagen, als dass dies rein menschliche Wege sind, und dass jedes Geschöpf seine eigenen Wege mag und sie als eine Selbstverständlichkeit annimmt. Die Wissenschaft mag kommen und diese Wege in Betracht ziehen und feststellen, dass die meisten von ihnen nützlich sind. Aber es ist nicht um ihrer Nützlichkeit willen, dass sie befolgt werden, sondern weil wir im Moment des Befolgens das Gefühl haben, dass es das einzig Angemessene und Natürliche ist, dies zu tun. Nicht einer von einer Million Menschen denkt beim Essen an seinen Nutzen. Er isst, weil das Essen gut schmeckt und ihn dazu bringt, mehr zu wollen. Wenn Sie ihn fragen, warum er mehr von dem essen will, was so schmeckt, wird er Sie wahrscheinlich als Narr auslachen, anstatt Sie als Philosophen zu verehren."

James fährt fort: "Man braucht, kurz gesagt, das, was Berkeley einen Geist nannte, der durch den Prozess, das Natürliche eigenartig erscheinen zu lassen, so weit ausschweift, dass er das Warum jeder instinktiven menschlichen Handlung hinterfragt. Allein dem Metaphysiker können sich solche Fragen stellen wie: Warum lächeln wir, wenn wir uns freuen, und nicht mürrisch sind? Warum können wir nicht mit einer Menschenmenge wie mit einem einzigen Freund sprechen? Warum stellt ein bestimmtes Mädchen unseren Verstand auf den Kopf? Der gewöhnliche Mensch kann nur sagen: 'Natürlich lächeln wir, natürlich klopft unser Herz beim Anblick der Menge, natürlich lieben wir das Mädchen - diese schöne Seele, die in diese perfekte Form gekleidet ist, und so greifbar und schamlos aus aller Ewigkeit geschaffen wurde, um geliebt zu werden! Und so fühlt wahrscheinlich jedes Tier über die besonderen Dinge, die es in der Gegenwart bestimmter Objekte zu tun pflegt. Auch diese sind a priori Synthesen. Für den Löwen ist es die Löwin, die dazu gemacht ist, geliebt zu werden; für den Bären ist es die Bärin. Für die brütende Henne wäre die Vorstellung monströs, dass es eine Kreatur auf der Welt geben soll, für die ein Nest voller Eier nicht das absolut faszinierende, kostbare und nie zu viel zu bebrütende Objekt ist. So können wir sicher sein, dass, wie geheimnisvoll uns die Instinkte einiger Tiere auch erscheinen mögen, unsere Instinkte ihnen nicht weniger geheimnisvoll erscheinen werden. Und wir können daraus schließen, dass für das Tier, das dem Instinkt gehorcht, jeder Impuls und jeder Schritt dieses Instinktes in seinem eigenen ausreichenden Licht leuchtet und im Augenblick als das einzig richtige zu tun erscheint. Die Handlung darf ausschließlich um ihrer selbst willen getan werden".

Man hat in der Regel sehr wenig Bedürfnis, die leidenschaftlichen Emotionen zu schüren. Der Instinkt hat ziemlich gut dafür gesorgt, dass wir unseren Anteil an dieser Kategorie von Gefühlen bekommen. Aber es besteht das Bedürfnis, diese Gefühle zu schulen, zu zügeln, zu beherrschen und zu kontrollieren, denn die Bedingungen, die ihr ursprüngliches Wesen hervorgebracht haben, haben sich geändert. Unsere gesellschaftlichen Konventionen verlangen, dass wir diese leidenschaftlichen Gefühle zumindest in gewissem Maße unterordnen. Die Gesellschaft besteht darauf, dass wir unsere Liebesimpulse auf bestimmte Grenzen und auf bestimmte Bereiche beschränken müssen, und dass wir unseren Zorn und Hass unterdrücken müssen, außer gegenüber den Feinden unseres Landes, den Störern des öffentlichen Friedens und den Bedrohern der gesellschaftlichen Konventionen unserer Zeit und unseres Landes. Das öffentliche Wohlergehen verlangt, daß wir unsere Kampfimpulse unterdrücken, außer in Fällen von Selbstverteidigung oder Krieg. Die öffentliche Ordnung verlangt, dass wir unsere Ambitionen in vernünftigen Grenzen halten, die sich natürlich von Zeit zu Zeit ändern. Kurz gesagt, die Gesellschaft hat sich eingemischt und darauf bestanden, dass der Mensch als soziales Wesen nicht nur ein soziales Gewissen erwerben, sondern auch soziale Emotionen entwickeln und seine unsozialen Emotionen hemmen muss. Die Entwicklung der Natur des Menschen hat ihn unbewusst dazu gebracht, seine elementaren, instinktiven, leidenschaftlichen Gefühle zu verändern und sie dem Diktat der sozialen, ethischen, moralischen und ästhetischen Gefühle und Ideale sowie den intellektuellen Anforderungen unterzuordnen. Selbst die ursprünglichen Elementarinstinkte der niederen Tiere wurden aufgrund der sozialen Anforderungen des Rudels, der Herde oder des Vortriebs modifiziert, bis der modifizierte Instinkt nun die herrschende Kraft ist.

Die allgemeinen Prinzipien der emotionalen Kontrolle, Zurück-haltung und Beherrschung, wie sie in einem vorhergehenden Kapitel dargelegt wurden, sind auf die besondere Klasse von Emotionen an-wendbar, die jetzt hier betrachtet werden.

(1) Indem man sich des körperlichen Ausdrucks ent-hält, kann man die Emotion zumindest teilweise hem-men.

(2) Indem man sich weigert, Gewohnheit zu schaf-fen, kann man die Kontrolle leichter manifestieren.

(3) Indem man sich weigert, sich mit der Idee oder dem mentalen Bild des auslösenden Objekts zu be-schäftigen, kann man den Reiz vermindern.

(4) Indem man die entgegengesetzte Kategorie von Emotionen kultiviert, kann man jede Kategorie von Ge-fühlen hemmen.

(5) Und schließlich, indem man durch den Willen die Kontrolle über die Aufmerksamkeit erlangt, hat man die Zügel fest in der Hand und kann die Rosse der Lei-denschaft treiben oder zurückhalten, wie es einem ge-fällt.

Die Leidenschaften sind wie feurige Pferde, nützlich, wenn sie gut unter Kontrolle sind, aber am gefährlichsten, wenn die Kontrolle verloren geht. Das Ego ist der Fahrer, der Wille seine Hände, Auf-merksamkeit die Zügel, Gewohnheit das Gebiss und die Leiden-schaften die Pferde. Um den Streitwagen des Lebens unter sozialen Bedingungen zu fahren, muss das Ego starke Hände (Willen) haben, um die Zügel der Aufmerksamkeit zu straffen oder zu lockern. Er muss auch ein gut gestaltetes und geformtes Stück Gewohnheit ein-setzen. Ohne starke Hände, gute Zügel und ein gut angepasstes Ge-biss können die feurigen Rosse der Leidenschaft die Kontrolle erlan-gen und, um davonzulaufen, den Wagen und seinen Fahrer über den Abgrund und auf die zackigen Felsen darunter zu stürzen.

XIV. Die sozialen Gefühle.

Als der Mensch ein soziales Lebewesen wurde, entwickelte er neue Charakterzüge, neue Handlungsgewohnheiten, neue Ideale, neue Sitten und damit auch neue Emotionen. Emotionen, die lange Zeit von der Gattung unterhalten und manifestiert wurden, wurden mehr oder weniger instinktiv und wurden entweder (a) in Form von ererbten Reizen weitergegeben, die den elementareren Emotionen ähnlich, aber weniger stark und kraftvoll sind, oder (b) in Form der ererbten Tendenz, die erworbenen emotionalen Gefühle bei der Präsentation ausreichend starker Reize zu manifestieren. Daraus ergibt sich das, was wir "die sozialen Emotionen" genannt haben.

Unter der Klassifikation der "sozialen Emotionen" sind jene erworbenen Tendenzen des Handelns und Fühlens der Gattung zu verstehen, die mehr oder weniger altruistisch sind und sich um das Wohlergehen der anderen und um die eigenen Pflichten und Verpflichtungen gegenüber der Gesellschaft und unseren Mitmenschen kümmern. In dieser Kategorie finden sich die Emotionen, die uns dazu treiben, das zu tun, was wir als unsere Pflicht gegenüber unseren Nachbarn betrachten oder empfinden, und unsere Verpflichtungen und Pflicht gegenüber dem Staat, wie sie in seinen Gesetzen, den Bräuchen der Menschen unseres Landes oder den Idealen der Gemeinschaft zum Ausdruck kommen. In einer anderen Phase manifestiert sie sich als Sympathie, Mitgefühl und "Freundlichkeit" im Allgemeinen. In seiner ersten Phase finden wir bürgerliche Tugend, gesetzestreue Neigung, Ehrlichkeit, "rechtschaffenes Handeln" und Patriotismus; in seiner zweiten Phase finden wir Sympathie für andere, Nächstenliebe, gegenseitige Hilfe, die Linderung von Armut und Leid, die Errichtung von Heimen für Waisen und Alte, Krankenhäuser für Kranke und die Bildung von Gesellschaften für allgemeine karitative Arbeit.

In vielen Fällen finden wir die sozialen, ethischen und moralischen Emotionen eng mit den religiösen Emotionen verbunden, und von vielen wird angenommen, dass diese praktisch identisch sind, aber es gibt einen großen Unterschied trotz ihrer häufigen Verbindung. So finden wir zum Beispiel viele Personen von hoher staatsbürgerlicher Tugend, von erhabenen sittlichen Idealen und mit ethischen Qualitäten der höchsten Art, denen es an den gewöhnlichen religiösen Gefühlen mangelt. Auf der anderen Seite finden wir allzu oft Personen, die sich zu großem religiösen Eifer bekennen und offenbar das intensivste religiöse Gefühl haben, denen es an sozialen, bürgerlichen, ethischen und moralischen Eigenschaften im besten Sinne dieser Begriffe mangelt. Das Ziel jeder Religion, die diesen Namen verdient, ist es jedoch, ethische und moralische sowie religiöse Gefühle zu fördern.

Wir müssen hier unterscheiden zwischen jenen, die die als ethisch und moralisch bezeichneten Handlungen manifestieren, weil sie so fühlen, und jenen, die lediglich die konventionellen Anforderungen erfüllen, weil sie die Folgen ihrer Verletzung fürchten. Die erste Kategorie hat die wahren sozialen, ethischen und moralischen Gefühle, Geschmäcker, Ideale und Neigungen, während die zweite lediglich die elementaren Gefühle der Selbsterhaltung und egoistischen Klugheit manifestiert. Die erste Kategorie ist "gut", weil sie sich so fühlt und es als natürlich empfindet; während die anderen nur deshalb "gut" sind, weil sie durch gesetzliche Strafe oder die öffentliche Meinung, Prestigeverlust, Verlust der finanziellen Unterstützung usw. bestraft werden können oder bestraft werden.

Die sozialen, moralischen und ethischen Emotionen sind vermutlich im Laufe des Lebens durch die Vereinigung von Individuen in Gemeinschaften und die Notwendigkeit gegenseitiger Hilfe und Nachsicht entstanden. Auch viele Arten niederer Tiere haben einen eigenen sozialen, moralischen oder ethischen Kodex, der auf der Erfahrung der Art oder Familie beruht und dessen Verstöße sie streng bestrafen. In gleicher Weise sollen Sympathie und die altruistischen Gefühle entstanden sein. Die Interessen- und Verständnisgemeinschaft im Volk, in der Familie oder im Clan brachte nicht nur das Gefühl der natürlichen Abwehr und des Schutzes, sondern auch das feinere, innere Mitgefühl für die Schmerzen und Leiden ihrer Gefährten. Dies hat sich im Laufe der Entwicklung der Gattung zu breiteren und komplexeren Idealen und Gefühlen entwickelt.

Die Theologie erklärt die sittlichen Gefühle als aus dem Gewissen resultierend, das sie als eine besondere, göttlich gegebene Fähigkeit des Geistes oder der Seele ansieht. Die Wissenschaft räumt zwar die Existenz des Gefühlszustandes, den wir "Gewissen" nennen, ein, leugnet aber seinen übernatürlichen Ursprung und schreibt ihn dem

Ergebnis der Evolution, Vererbung, Erfahrung, Erziehung und Suggestion zu. Das Gewissen, so die Wissenschaft, ist eine Verbindung von intellektuellen und emotionalen Zuständen. Das Gewissen ist kein unveränderlicher oder unfehlbarer Führer, sondern hängt völlig von der Vererbung, der Erziehung, der Erfahrung und der Umgebung des Individuums ab. Es begleitet die moralischen und ethischen Kodizes der Rasse, die von Zeit zu Zeit und von Land zu Land variieren. Taten, die vor einem Jahrhundert richtig gedacht wurden, werden jetzt verurteilt; ebenso werden Dinge, die vor einem Jahrhundert verurteilt wurden, jetzt als richtig angesehen. Was in der Türkei gelobt wird, wird in England verurteilt, und umgekehrt. Moralische Geschmäcker und Ideale, wie auch ästhetische, variieren mit der Zeit und dem Land. Es gibt keinen absoluten Kodex, der immer und überall gilt. Es gibt eine Entwicklung in den Idealen der Moral und Ethik wie in allem anderen, und das "Gewissen" und die moralischen und ethischen Emotionen begleiten die sich wandelnden Ideale.

Viele der moralischen und ethischen Prinzipien entstanden ursprünglich aus der Notwendigkeit oder Nützlichkeit, haben sich aber inzwischen zu einem natürlichen, spontanen Gefühl der Menschen entwickelt. Es wird angenommen, daß die Menschheit ein "soziales Gewissen" entwickelt, das die Auslöschung vieler sozialer Zustände bewirkt, die mittlerweile zu einer Schande für die Zivilisation geworden sind. Es wird vorhergesagt, dass die Gesellschaft mit der Zeit auf die Existenz von Armut in unserer Zivilisation zurückschauen wird, so wie unsere Generation heute auf die Existenz von Sklaverei, Schuldknechtschaft, Todesstrafe für den Diebstahl eines Brotlaibs, die Tötung von Kriegsgefangenen usw. zurückblickt. Es wird angenommen, dass Eroberungskriege mit der Zeit als völlig unmoralisch angesehen werden, so wie heute die Ermordung von Menschen durch Seeräuber oder Banditen. Genauso wird die wirtschaftliche Sklaverei von heute als unmoralisch angesehen werden, wie heute die physische Sklaverei der Vergangenheit. In nicht allzu ferner Zeit wird es unglaublich erscheinen, dass die Gesellschaft jemals zugelassen haben könnte, dass eines ihrer Mitglieder auf der Straße verhungert oder im Krankenraum einer Hütte an Armut und Verwahrlosung stirbt. Nicht nur die Ideale und Gefühle der ethischen und moralischen Verantwortung werden sich ändern und entwickeln, sondern auch die Gefühle der persönlichen Sympathie werden sich entsprechend entwickeln. Zumindest ist dies der Traum und die Prophezeiung einiger der größten Denker der Welt.

Die sozialen, ethischen und moralischen Emotionen können einerseits durch das Studium der Entwicklung und Bedeutung der Gesellschaft und andererseits durch die Wahrnehmung der Lebensbedingungen der weniger glücklichen Individuen entwickelt werden. Ersteres wird neue Vorstellungen von der Geschichte und der wirklichen Bedeutung der sozialen Assoziation und des gegenseitigen Umgangs wecken und ein neues Gefühl der Verantwortung, der Pflicht und des bürgerlichen und sozialen Stolzes entwickeln. Zweitens werden Verständnis und Sympathie geweckt und der Wunsch, das zu tun, was man tun kann, um denen zu helfen, die "der Unterdrückte" sind, und auch um einen besseren Zustand der Dinge im Allgemeinen zu erreichen. Das Studium der Geschichte und der Zivilisation, der Soziologie und der Staatsbürgerkunde wird viel in der ersten Richtung tun. Das Studium der Menschheit und ihrer Lebensprobleme und -bedingungen wird im zweiten Fall dasselbe tun. In beiden Fällen wird ein neuer Sinn für "richtig und falsch" - eine neue Auffassung von "sollte und sollte nicht" - geweckt werden, die die Beziehungen des Menschen zu seiner Ethnie, Gesellschaft und seinen Mitmenschen betrifft.

Niemand soll sich durch die selbstgefällige Annahme täuschen, dass die Menschheit ganz aus der Barbarei herausgekommen ist und nun auf der obersten Welle der Zivilisation steht. Die Wahrheit, wie sie allen vorsichtigen und gewissenhaften Denkern bekannt ist, ist, dass wir nur halb zivilisiert sind, und auch nur halb so viel. Viele unserer Sitten und Gebräuche sind die eines halbwegs barbarischen Volkes. Unsere Ideale sind niedrig, unsere Bräuche oft abscheulich. Es fehlt uns nicht nur an hohen Idealen, sondern in vielen Fällen zeigen wir einen Mangel an Vernunft in unseren gesellschaftlichen Konventionen. Aber die Evolution bringt uns langsam voran. Ein besserer Tag bricht an. Die Zeichen sind zu sehen für alle nachdenklichen Menschen. Die Zivilisation ist auf der Leiter nach oben gestiegen, unterstützt durch die Entwicklung der sozialen, ethischen und moralischen Emotionen und die Entwicklung des Intellekts.

Im Zusammenhang mit dieser Phase der Emotionen laden wir den Lernenden ein, die folgenden hervorragenden Worte von Professor Davidson in seiner "Geschichte der griechischen Erziehung" zu bedenken: "Es reicht nicht aus, dass ein Mensch die Bedingungen des rationalen Lebens seiner Zeit versteht. Er muss diese Bedingungen ebenfalls lieben und alles hassen, was zu einem Leben der entgegengesetzten Art führt. Dies ist nur eine andere Art zu sagen, dass er das Gute lieben und das Böse hassen muss; denn das Gute ist einfach das, was zum rationalen oder moralischen Leben führt, und das Böse ist einfach das, was davon wegführt. Es ist ganz offensichtlich, sobald man darauf hinweist, dass alles unmoralische Leben auf eine falsche Verteilung der Vorlieben zurückzuführen ist, die wiederum oft, wenn auch keineswegs immer, auf einen Mangel an intellektueller Kultivierung zurückzuführen ist. Wer etwas einen Wert zuschreibt, der größer oder kleiner ist, als es in der Ordnung der Dinge wirklich ist, hat sich bereits in ein falsches Verhältnis zu ihm gesetzt und wird sicherlich, wenn er mit Bezug darauf zu handeln beginnt, unmoralisch handeln".

XV. Die religiösen Gefühle.

Mit "die religiösen Emotionen" ist jene Kategorie emotionaler Gefühle gemeint, die aus dem Glauben und der Überzeugung von oder dem Bewusstsein der Gegenwart übernatürlicher Wesen, Mächte, Entitäten oder Kräfte entstehen. Diese Form der Emotionen wird als von den ethischen und moralischen Emotionen unterschieden, obwohl sie häufig in Verbindung mit diesen auftreten. Ebenso ist sie unabhängig von jeder speziellen Form des intellektuellen Glaubens, denn sie ist viel grundlegender und existiert oft ohne Glauben, Philosophie oder erklärtem Glauben, wobei die einzige Manifestation in solchen Fällen ein "Gefühl" der Existenz von übernatürlichen Wesen, Kräften und Mächten ist, zu denen der Mensch eine Beziehung hat und denen er Gehorsam schuldet. Denjenigen, die denken mögen, dass dies eine zu enge Auffassung von religiösem Gefühl ist, verweisen wir auf die folgende Definition von "Religion" aus den Wörterbüchern: "Die Taten oder Gefühle, die aus dem Glauben an einen Gott oder Götter resultieren, die über die Materie, das Leben oder das Schicksal bestimmen. Religion ist subjektiv und bezeichnet die Gefühle und Handlungen der Menschen, die sich auf Gott beziehen; Theologie ist objektiv und bezeichnet die Wissenschaft, die die Existenz, die Gesetze und die Eigenschaften eines Gottes erforscht" oder (objektiv) die äußere Form und Verkörperung, die der innere Geist einer wahren oder falschen Hingabe annimmt", (subjektiv) das Gefühl der Verehrung, mit dem der Anbeter das Wesen, das er anbetet, betrachtet".

Darwin sagt in seiner "Abstammung des Menschen", dass das Gefühl der religiösen Hingabe ein hochkomplexes ist, das aus Liebe, völliger Unterwerfung unter einen erhabenen und geheimnisvollen Vorgesetzten, einem starken Gefühl der Abhängigkeit, Angst, Ehrfurcht, Dankbarkeit, Hoffnung auf die Zukunft und vielleicht anderen Elementen besteht. Er ist der Meinung, dass kein Mensch ein so komplexes Gefühl erleben kann, bevor er nicht in seinen intellektuellen und moralischen Fähigkeiten zumindest auf einem mäßig hohen Niveau fortgeschritten ist. Die Autoritäten stimmen im Allgemeinen mit Darwin überein, obwohl die neuere Untersuchung der Religionsgeschichte gezeigt hat, dass das religiöse Gefühl einen viel primitiveren Ursprung hat als von Darwin angegeben.

Es stimmt, dass die niederen Tiere nicht für fähig gehalten werden, sich dem religiösen Gefühl anzunähern, es sei denn, dass es in der Haltung von Hund und Pferd und anderen Haustieren gegenüber ihren Herren ein Gefühl gibt, das sich diesem annähert. Aber der Mensch, sobald er in der Lage ist, Naturphänomene einer übernatürlichen Ursache und Macht zuzuschreiben, manifestiert grobe religiöse Gefühle und Emotion. Er beginnt damit, an natürliche Kräfte und Gegenstände zu glauben, sie zu fürchten und zu verehren, wie die Sonne, den Mond, den Wind, den Donner und den Blitz, das Meer, die Flüsse, die Berge usw. Es wird behauptet, dass es keinen natürlichen Gegenstand gibt, der nicht irgendwann in der Geschichte der Menschheit von einigen Menschen vergöttert und angebetet wurde. Später erwarb der Mensch die anthropomorphe Vorstellung von Gottheiten und schuf viele Götter nach seinem eigenen Bild, indem er sie mit seinen eigenen Attributen, Qualitäten und Eigenschaften ausstattete. Die geistigen Eigenschaften und die Moral eines Volkes können immer durch die Kenntnis der durchschnittlichen Gottesvorstellung, die es hat, festgestellt werden. Der Polytheismus, oder der Glaube an viele Götter, wurde vom Monotheismus oder dem Glauben an einen Gott, abgelöst.

Der Monotheismus reicht von der gröbsten Vorstellung eines menschenähnlichen Gottes bis zur höchsten Vorstellung eines geistigen Wesens, das alle menschlichen Eigenschaften, Attribute oder Charakteristika transzendiert. Der Mensch begann mit dem Glauben an viele Gottesdinge, dann an viele Gottespersonen, dann an eine einzige Gottperson, dann an einen Gott, der ein Geist ist, dann an den einen universellen Geist, der Gott ist. Es ist ein weiter Weg vom wilden, menschenähnlichen Gott der alten Zeit bis zur Vorstellung des universellen Geistes des "gottbesessenen Philosophen" Spinoza. Das Extrem des religiösen Glaubens ist dasjenige, das behauptet, dass "es nichts als Gott gibt - alles andere ist Illusion", des pantheistischen Idealismus. Der Buddhismus (zumindest in seiner ursprünglichen Form) hat die Idee eines höchsten Wesens verworfen und behauptet, dass die letztendliche Realität nur das universelle Gesetz ist; daher der Vorwurf, der Buddhismus sei eine "atheistische Religion", obwohl er mit über 400.000.000 Anhängern eine der größten Religionen der Welt ist.

Aber die Überzeugungen des religiösen Menschen können als aus intellektuellen Prozessen resultierend betrachtet werden; seine religiösen Gefühle und Emotionen entstehen aus einem anderen Teil seines geistigen Wesens. Es ist das Zeugnis der Autoritäten aller Religionen, dass die religiöse Überzeugung eher eine innere Erfahrung als eine intellektuelle Vorstellung ist. Das emotionale Element ist in religiösen Manifestationen immer und überall aktiv. Die rein intellektuelle Religion ist nichts anderes als eine Philosophie. Religion ohne Gefühl und Emotion ist eine Anomalie. In jeder wahren Religion gibt es ein Gefühl von innerer Sicherheit und Glauben, Liebe, Ehrfurcht, Abhängigkeit, Unterwerfung, Ehrfurcht, Dankbarkeit, Hoffnung und vielleicht Angst. Das emotionale Element muss immer vorhanden sein, nicht unbedingt in Form eines emotionalen Exzesses, wie im Fall der Erweckungshysterie oder des Tanzes der wirbelnden Derwische, aber zumindest in Form des ruhigen, inbrünstigen Gefühls "jenes Friedens, der den Verstand übergeht". Wenn die Religion die emotionale Phase verlässt, wird sie lediglich zu einer "Schule der Philosophie" oder einer "ethischen Kulturgesellschaft".

Der Lernende darf den erbaulichen Einfluss wahrer religiöser Gefühle nicht aus den Augen verlieren, weil er ihren niedrigen Ursprung kennt. Wie der Lotus, der seine Wurzeln im schleimigen, schmutzigen Schlamm des Flusses hat und seinen Stamm im schlammigen, stehenden und fauligen Wasser desselben, aber seine schöne Blüte in der klaren Luft und der Sonne zugewandt entfaltet, so ist das religiöse Gefühl für einige der schönsten und erhebenden Ideale und Handlungen der Menschen verantwortlich. Wenn ihr Ursprung und ihre Geschichte vieles enthalten, was nicht mit den höchsten Idealen der heutigen Menschen übereinstimmt, ist es nicht die Schuld der Religion, sondern der Menschen selbst. Die Religion steht, wie alles andere in der universellen Manifestation, unter den Gesetzen der Evolution, des Wachstums und der Entwicklung. Was die Religion der Zukunft sein mag, wissen wir nicht. Was die Religion der Zukunft sein mag, wissen wir nicht. Aber die Propheten der Menschheit haben Visionen von einer Religion, die so viel höher ist als die heutige, wie diese höher ist als der grobe Fetischismus des Wilden.

Das folgende Zitat aus John Fiske's "Durch die Natur zu Gott" ist an dieser Stelle angebracht. Fiske sagt: "Mein Ziel ist es, zu zeigen, dass 'dieser andere Einfluss', diese innere Überzeugung, das Verlangen nach einer letzten Ursache, die theistische Annahme, selbst eine der Haupttatsachen des Universums ist, und so viel Anspruch auf Respekt hat, wie jede Tatsache in der physischen Natur möglicherweise sein kann. Das Argument blitzte mir vor etwa zehn Jahren auf, als ich Herbert Spencers Kontroverse mit Frederic Harrison über die Natur und Realität der Religion las. Weil Spencer historisch gesehen den größten Teil des modernen Glaubens an eine unsichtbare Welt aus der Urwelt der Träume und Geister des Wilden ableitete, behaupteten einige seiner Kritiker, dass die logische Konsistenz es erforderte, den modernen Glauben als völlig falsch abzutun; andernfalls wäre er schuldig, die Wahrheit aus der Falschheit entwickeln zu wollen. Auf keinen Fall", antwortete Spencer. Im Gegenteil, die ultimative Form des religiösen Bewusstseins ist die endgültige Entwicklung eines Bewusstseins, das von Anfang an einen Keim der Wahrheit enthielt, der durch eine Vielzahl von Irrtümern verdeckt war. Fiske zitiert in diesem Zusammenhang die Tennyson-Frage: -

> *"'Wer schmiedete diesen anderen Einfluss,*
> *diese Hitze der inneren Beweise,*
> *durch die er gegen den Sinn zu zweifeln sucht?'"*

Die religiösen Emotionen können entwickelt werden, indem man dem Geist erlaubt, auf der Macht zu verweilen, die dem Universum der flüchtigen, wechselnden Gestalten zugrunde liegt; indem man Prosa und Poesie liest, in denen an den religiösen Instinkt appelliert wird; indem man Musik hört, die das Gefühl der Ehrfurcht und des Staunens weckt; und schließlich, indem man über den inneren Geist meditiert, der jedem Lebewesen immanent ist. Wie ein alter hinduistischer Weiser einst sagte: "Es gibt viele Wege, auf denen der Mensch zur Erkenntnis der Gegenwart Gottes gelangt, aber es gibt nur ein Ziel und eine Bestimmung."

XVI. Die ästhetischen Emotionen.

Unter "den ästhetischen Emotionen" versteht man jene emotionalen Gefühle, die mit der Wahrnehmung von Schönheit oder Geschmack zu tun haben und aufgrund derer wir bestimmte Wahrnehmungen von Sinneseindrücken "mögen" oder "nicht mögen". Um eine genauere Vorstellung zu bekommen, wollen wir uns überlegen, was mit "Schönheit" und "Geschmack" gemeint ist.

"Schönheit" wird definiert als "jene Eigenschaft oder Ansammlung von Eigenschaften in einem Gegenstand, die dem Auge oder dem Ohr intensiven Genuss bereitet; oder jene Eigenschaft in einem Gegenstand, die den Intellekt oder das moralische Gefühl befriedigt". "Geschmack" (in diesem Sinne des Wortes) wird definiert als "schöne Wahrnehmung oder die Macht, die Vortrefflichkeit menschlicher Leistungen wahrzunehmen und zu genießen; die Macht, die feineren Qualitäten der Kunst zu schätzen; die Fähigkeit, Schönheit, Ordnung, Kongruenz, Proportionen, Symmetrie oder was auch immer Vortrefflichkeit ausmacht, insbesondere in der bildenden Kunst oder Literatur; die Fähigkeit des Geistes, mit der wir sowohl wahrnehmen als auch genießen, was in den Werken der Natur und der Kunst schön oder erhaben ist. Der Besitz des Geschmacks versichert den Werken eines Künstlers Anmut und Schönheit und die Vermeidung von allem, was niedrig oder gemein ist. Es ist oft das Ergebnis eines angeborenen Sinnes für Schönheit oder Anstand wie der Kunstpädagogik, und kein Genie kann den Mangel daran ausgleichen.

* * * *

Die Geschmäcker unterscheiden sich so sehr zwischen Individuen, Nationen oder in verschiedenen Zeitaltern und Zivilisationsbedingungen, dass es völlig unmöglich ist, einen für alle Menschen und für alle Stufen der gesellschaftlichen Entwicklung geltenden Geschmacksstandard aufzustellen".

Der ästhetische Sinn, das Gefühl und die Emotionen sind Produkte der späteren Stufen der Evolution des menschlichen Geistes. Ihre Wurzeln können jedoch in den groben Versuchen der Wilden, sich zu schmücken, und noch weiter zurück in der Neigung bestimmter Vögel, ihre Nester oder "Verbeugungen" zu schmücken, gesehen werden. Darüber hinaus muss ein gewisser Schönheitssinn bei den niederen Tieren vorhanden sein, der durch die Auswahl ihrer Partner, das helle Gefieder der Vögel und die Färbung der Insekten und höheren Tiere beeinflusst wird, was die Existenz zumindest eines primitiven ästhetischen Sinnes beweist. Herbert Spencer sagt, dass ein Charakteristikum der ästhetischen Gefühle darin besteht, dass sie von den lebensnotwendigen und lebenserhaltenden Funktionen getrennt sind, und erst wenn Letztere einigermaßen zufrieden sind, beginnen sich die Ersteren stärker zu manifestieren.

Die Fachwissenschaftler sind der Ansicht, dass das Grundelement, um das es bei der Manifestation des ästhetischen Gefühls geht, das sensorische Element ist, das aus dem Vergnügen besteht, welches aus der Wahrnehmung von als schön empfundenen Seh- oder Hörgegenständen entsteht. Es gibt eine gewisse nervöse Befriedigung, die sich aus der Wahrnehmung der Empfindung des Sehens einer schönen Sache oder des Hörens eines schönen Tons ergibt. Warum sich bestimmte Anblicke als angenehm und andere als unangenehm erweisen, oder bestimmte Klänge als angenehm und andere als unangenehm, ist sehr schwer zu bestimmen. Assoziation und Gewohnheit können etwas mit der Schönheit des Sehobjekts zu tun haben, und es kann eine natürliche Harmonie der Schwingung in den Farben wie im Klang geben. Im Falle von Tönen gibt es zweifellos eine natürliche Harmonie zwischen den Schwingungen bestimmter Töne der Tonleiter und eine Ungleichmäßigkeit zwischen anderen. Einige haben behauptet, dass das Geheimnis des Musikgenusses in der natürlichen Wertschätzung des Rhythmus liegt, da der Rhythmus eine kosmische Manifestation ist, die sich in allem von groß bis klein zeigt. Aber diese Theorien berücksichtigen nicht die Unterschiede im Geschmack bezüglich Farbe und Musik, die von verschiedenen Individuen, Ethnien und Klassen von Menschen manifestiert werden.

Grant Allen sagt: "Die Vulgären freuen sich über massive Farbigkeit, besonders über Rot, Orange und Violett, die ihrer groben, nervösen Organisation den nötigen Reiz geben. Die Raffinierten, mit Nerven von geringerem Kaliber, aber größerer Unterscheidungskraft, verlangen zarte Kombinationen von Komplementärfarben und bevorzugen neutrale Töne gegenüber dem grellen Glanz der Primärfarben. Kinder und Wilde lieben es, sich in allen Farben des Regenbogens zu kleiden." Ebenso erfreuen sich Personen bestimmter Geschmacksrichtungen an der "Lumpenzeit" und billigen, ausgelassenen Liedern oder Tänzen, während andere darüber schaudern und sich an den klassischen Produktionen der großen Komponisten erfreuen.

In den ästhetischen Emotionen steckt auch das intellektuelle Element, mit dem man rechnen muss. Der Intellekt muss die Schönheit in bestimmten Gegenständen entdecken, bevor die Emotion durch die Wahrnehmung geweckt wird. Halleck sagt: "Jedes Mal, wenn der Verstand inmitten von Vielfalt, Ordnung, Rhythmus, Proportionen oder Symmetrie eine Einheit erkennt, entsteht ein ästhetisches Gefühl. * * * * Der Reisende mit einem geschulten Intellekt wird viel mehr Schönheit sehen als ein Unwissender. Beim Betrachten einer Kathedrale kommt ein großer Teil des ästhetischen Genusses aus dem Aufspüren der Symmetrie, aus dem Vergleich von Teil zu Teil. Erst wenn dieser Prozess abgeschlossen ist, wird die volle Schönheit des Bauwerks als Ganzes wahrgenommen. Wenn der Reisende vor seiner Europareise etwas von mittelalterlicher Architektur weiß, wird er viel mehr Schönheit sehen. Das Gegenteil des Ästhetischen, das wir als das Hässliche bezeichnen, ist das Unsymmetrische, das Ungeordnete, in dem wir keinen Rhythmus, keinen Plan und keine Schönheit entdecken können.

Das Element der assoziativen Suggestion geht auch in die Manifestation des ästetischen Gefühls ein. Der Verstand nimmt die Suggestion der Schönheit bestimmter Kunststile oder der Vortrefflichkeit bestimmter Musikklassen an. Es gibt Moden in Kunst und Musik, wie in der Kleidung, und was heute als schön empfunden wird, kann morgen als scheußlich empfunden werden. Dies ist nicht nur auf die Entwicklung des Geschmacks zurückzuführen, denn in vielen Fällen werden die alten Moden wiederbelebt und wieder für schön gehalten. Hinzu kommt die Wirkung der Assoziation des Gefühlsgegenstandes mit bestimmten Ereignissen oder Personen. Diese Assoziation macht die Sache populär und damit vorerst angenehm und schön. Die Suggestion in einer Geschichte lässt die Schönheit einer bestimmten Szene oder die Harmonie eines bestimmten Musikstücks oft Tausenden von Personen dämmern. Eine bekannte Person setzt das Gütesiegel auf ein bestimmtes Bild oder eine bestimmte Musikkomposition und siehe da, die Menge nennt es schön. Man darf aber nicht annehmen, dass die Menge diesen Sinn für Schönheit und Vortrefflichkeit, der ihr suggeriert wurde, immer wieder verfälscht. Im Gegenteil, aus der so gemachten Entdeckung resultiert oft echtes ästhetisches Gefühl.

Es gibt Stil und Mode in der Verwendung von Worten, die aus der Mode resultieren, was ein ästhetisches Gefühl in Bezug auf sie hervorruft. Diese Gefühle entstehen nicht aus der Betrachtung der Natur des Gegenstandes, die durch das Wort ausgedrückt wird; von zwei

Wörtern, die dasselbe bezeichnen, verursacht das eine Ekel und das andere zumindest passive Toleranz. Wenn wir zum Beispiel von der fühlbaren Feuchtigkeit sprechen, die aus den Poren der Haut austritt, können wir die entsprechenden Begriffe entweder "Schweiß" oder "Transpiration" verwenden. Beide bedeuten dasselbe und haben einen ebenso respektablen Ursprung. Doch für viele Menschen verursacht das Wort "Schweiß" unangenehme ästhetische Emotionen, während das Wort "Transpiration" ohne Vorwarnung akzeptiert wird. Manche Menschen verabscheuen den Begriff "Nahrungsmittel", während "Lebensmittel" oder "Essen" ohne Protest akzeptiert werden. Oft ist mit einigen Wörtern eine unangenehme, niedrige, vulgäre Assoziation verbunden, die die Missbilligung, mit der sie empfangen werden, erklärt, und die bei den höflicheren" Begriffen, die verwendet werden, um dasselbe anzuzeigen, fehlt. Aber in anderen Fällen gibt es nichts als die einfache Suggestion von Mode und Stil, um die ästhetische Akzeptanz oder Ablehnung zu erklären.

Es ist möglich, dass ein Psychologe der Zukunft die Wahrheit der von einigen wenigen Forschern zaghaft vertretenen Theorie aufstellen wird, nämlich dass Geschmack und Schönheitssinn fast ausschließlich von dem Element der Suggestion abhängen, das sich als Assoziation, Einfluss von Autorität, Gewohnheit, Mode, Imitation usw. manifestiert. Es ist bekannt, dass die emotionale Natur der Suggestion eigentümlich anfällig ist, und dass Geschmäcker durch wiederholte Suggestion unter den günstigsten Umständen geschaffen oder zerstört werden können. Es wird für wahrscheinlich gehalten, dass, wenn wir jede Emotion des Geschmacks zu ihren Wurzeln zurückverfolgen könnten, wir sie im Zusammenhang mit einem assoziativen, suggestiven Einfluss finden würden, der mit einer anderen und elementareren Klasse von Emotionen verbunden ist.

Über die Tatsache, dass es keinen universellen Standard des Geschmacks oder der Schönheit gibt, sagt Halleck: "Es ist gesagt worden, dass die Ästhetik nicht wissenschaftlich behandelt werden kann, weil es keinen Standard des Geschmacks gibt. *'De gustibus non est disputandum'* ('es gibt keinen Streit über den Geschmack') ist ein altes Sprichwort. Von zwei gleich intelligenten Personen mag der eine ein bestimmtes Buch mögen, der andere mag es nicht.

* * * *

Es stimmt zwar, dass der Standard des Geschmacks innerhalb gewisser Grenzen variiert, aber nicht mehr als der der Moral. Da sich das Nervensystem, die Erziehung und die Vereinigungen der Menschen unterscheiden, können wir wissenschaftlich zu dem Schluss kommen, dass sich ihre Geschmäcker unterscheiden müssen. Je größer die Einheitlichkeit der Faktoren, desto weniger variiert das Produkt. Auf der anderen Seite ist der Standard der Ästhetik innerhalb gewisser Grenzen relativ einheitlich. Er wird von der Mehrheit der intelligenten Menschen jeden Alters und Landes festgelegt. Um den Standard abzuschätzen, nach dem man die Richtigkeit der Sprache oder den literarischen Geschmack jeder Epoche beurteilen kann, untersuchen wir die Gespräche der besten Sprecher, die Werke der Standardautoren".

Die ästhetischen Emotionen können durch Übung und Praxis entwickelt und kultiviert werden, insbesondere durch die Assoziation und die Vertrautheit mit schönen Dingen und mit denen, die "guten Geschmack" haben. Die Wertschätzung von Schönheit ist mehr oder weniger ansteckend, zumindest bis zu einem gewissen Entwicklungsstand, und wenn man Schönheit erkennen, verstehen und schätzen will, sollte man dorthin gehen, wo Schönheit ist und wo ihre Anhänger versammelt sind. Das Studium von Standardkunstwerken, oder Objekten der Natur, oder der besten Produktionen der Komponisten von Musik, wird viel dazu beitragen, das höhere ästhetische Gefühl und Verständnis zu entwickeln und zu entfalten.

Einige der besten Autoritäten behaupten, dass wir, um die feineren und höheren ästhetischen Gefühle und das Verständnis zu entwickeln, lernen müssen, Schönheit und Vortrefflichkeit in Dingen zu finden, die von uns selbst oder unseren egoistischen Interessen entfernt sind. Die engen, egoistischen Emotionen töten die ästhetischen Gefühle - beides kann nicht zusammen existieren. Der Mensch, dessen Gedanken auf sich selbst gerichtet sind, findet nur sehr selten Schönheit oder Vortrefflichkeit in Kunstwerken oder Musik. Grant Allen fasst das Thema in den folgenden Worten gut zusammen: "Guter Geschmack ist das fortschrittliche Produkt fortschreitender Feinheit und Unterscheidung in den Nerven, gebildeter Aufmerksamkeit, hoher und edler emotionaler Verfassung und zunehmender intellektueller Fähigkeiten."

XVII. Die intellektuellen Emotionen.

Bei "den intellektuellen Emotionen" ist jene Klasse von emotionalen Gefühlen gemeint, die sich aus der Anwesenheit von Objekten von intellektuellem Interesse ergeben. Diese Klasse von Emotionen hängt für ihre Befriedigung von der Ausübung der intellektuellen Fähigkeiten ab, von den einfachsten bis zu den komplexesten, und schließt Wahrnehmung, Gedächtnis, Vorstellungskraft, Vernunft, Urteilsvermögen und alle logischen Fähigkeiten ein. Diejenigen, die es gewohnt sind, den Verstand durch freiwillige Aufmerksamkeit, insbesondere in Richtung der schöpferischen Ideation oder der konstruktiven Vorstellungskraft, einzusetzen, erleben diese Emotionen in mehr oder weniger großem Ausmaß.

Die Übung der Wahrnehmung, wenn wir darin geübt sind, gibt uns ein angenehmes Gefühl, und wenn es uns gelingt, dadurch eine interessante oder wichtige Entdeckung zu machen, erfahren wir einen starken Grad an emotionaler Befriedigung. Ebenso erleben wir angenehme Gefühle, wenn wir uns deutlich an etwas erinnern können, das wir vielleicht vergessen haben, oder wenn es uns gelingt, uns an etwas zu erinnern, das uns für den Moment entgangen ist. In gleicher Weise ist die Übung der Vorstellungskraft in vielen Fällen eine Quelle großer Freude in Richtung Schreiben, Planen, Erfinden oder anderer kreativer Prozesse, oder sogar beim Bau von Luftschlössern. Die Ausübung der logischen Fähigkeiten bereitet denjenigen große Freude, bei denen diese Fähigkeiten gut entwickelt sind.

Halleck sagt gut: "Es gab wohl keinen glücklicheren Moment in Newtons Leben als den, als es ihm gelungen war, zu beweisen, dass die gleiche Kraft, die den Apfel fallen ließ, den Mond und die Planeten in ihren Bahnen hielt. Als Watt entdeckte, dass Dampf wie ein Pferd angeschirrt werden kann, wenn es einem Erfinder gelingt, ein Arbeitserleichterungsgerät zu perfektionieren, wenn eine Unklarheit beseitigt worden ist, oder der Grund für eine Sache verstanden wird und eine verwirrende Sache in ein allgemeines Gesetz einbezogen werden kann, entsteht eine intellektuelle Emotion".

Die angenehmen Gefühle, die wir bei der Lektüre eines guten Buches oder bei der Entdeckung echter Poesie empfinden, sind Formen intellektueller Emotionen. Dieselbe Klasse von Gefühlen wird geweckt, wenn wir Zeuge eines guten Theaterstücks werden. Unter anderen Fällen dieser Klasse erwähnen wir die Wahrnehmung von kluger Arbeit jeglicher Art, von komplizierten Maschinen, genialen Geräten, hilfreichen Verbesserungen oder anderen Werken des Menschen, die auf die Existenz von Gedanken und Erfindungskraft im Konstrukteur oder Bauherrn hinweisen. Um diese Art von geistiger Arbeit zu würdigen, müssen wir einen Verstand, der sich in der gleichen oder in einer ähnlichen Richtung entwickelt hat, zur Geltung bringen. Es ist wohl schon gesagt worden, dass man, bevor man aus einem Buch etwas entnehmen kann, etwas einbringen muss. Es braucht Mentalität, um die Arbeit der Mentalität zu erkennen und zu schätzen.

Das Studium der wissenschaftlichen Fächer ist eine Quelle großer Freude für diejenigen, die zu solchen Bestrebungen neigen. Für den wissenschaftlichen Geist gibt das Studium der neuesten Arbeiten über den Lieblingszweig eine Freude, die nichts anderes zu wecken vermag. Für den Philosophen geben die Werke anderer Philosophen derselben Schule eine intensive Befriedigung.

Es wird behauptet, dass der Sinn für Humor und Witz eine intellektuelle Emotion ist, denn sie hängt von der Entdeckung der lächerlichen Züge eines Geschehens ab. Einige Psychologen haben festgestellt, dass das charakteristische Element des Humors das Gefühl ist, das mit der Wahrnehmung von Ungereimtheiten einhergeht, während das des Witzes das Gefühl der Überlegenheit der geistreichen Person und die entsprechende Verärgerung über das Objekt seines Witzes ist. Es scheint jedoch, dass die Würdigung des Witzes von der intellektuellen Wahrnehmung der Klugheit des Ausdrucks und der aus der Entdeckung desselben resultierenden Freude abhängen muss, und dass das Gefühl des Humors vor allem durch das inkongruente Element geweckt wird; das Gefühl der Selbstgefälligkeit im Gegensatz zum Unbehagen des anderen Menschen gehört zu den egoistischeren Emotionen. Eine Autorität sagt: "Humor ist ein geistiges Vermögen, das dazu neigt, unpassende Ähnlichkeiten zwischen Dingen zu entdecken, die sich wesentlich unterscheiden, oder wesentliche Unterschiede zwischen Dingen, die als gleich dargestellt werden, wobei das Ergebnis innere Heiterkeit oder ein Ausbruch von Lachen ist. Der Geist tut dies ebenso, aber die beiden sind verschieden. Der Humor hat eine tiefe menschliche Sympathie und liebt die Menschen und lacht über ihre Schwächen. Der Witz hat einen Mangel an Sympathie, und es gibt oft einen Stachel in seiner Verspottung. Etwas menschenverachtend hat er nicht die Geduld, Menschen gründlich zu studieren, sondern muss sich damit begnügen, oberflächliche Ähnlichkeiten oder Unterschiede festzustellen. Der Humor ist geduldig und aufmerksam und dringt unter die Oberfläche; deshalb sind die Salven des Witzes oft einseitig und ungerecht, die des Humors aber in der Regel gerecht und weise.

Die Entwicklung und Kultivierung der intellektuellen Emotionen hängt natürlich von Erziehung, Ausbildung, Übung und Praxis ab. Die Kultivierung des Intellekts (auf die zum Teil in den vorhergehenden Teilen dieses Buches Bezug genommen wurde und die in den Kapiteln, die dem Intellekt gewidmet sind, erneut betrachtet wird) führt zur Entwicklung und Kultivierung der mit der intellektuellen Anstrengung einhergehenden Emotionen. Im Allgemeinen kann man jedoch sagen, dass die Lektüre der besten Werke der Fiktion, Wissenschaft und Philosophie mit der Zeit die beste Form des intellektuellen Genusses und des Gefühls hervorbringen wird. Das Höchste gibt das Beste - das ist die Regel. Das vorliegende Kapitel sollte in Verbindung mit denjenigen gelesen und studiert werden, die sich dem Intellekt widmen.

GEMISCHTE EMOTIONEN.

Wie wir zu Beginn unserer Betrachtung des Themas der Emotionen gesagt haben, besteht die Mehrheit der Emotionen aus mehreren Gefühlen und neigt dazu, emotionale Elemente zu vermischen und zu kombinieren. Zum Beispiel hat die Emotion der sexuellen Liebe sicherlich ihren Ursprung in den instinktiven Gefühlen der Gattung, und ihr motivisches Element ist das der Leidenschaft. Aber Leidenschaft ist bei Weitem nicht alles, was in der menschlichen sexuellen Liebe steckt. Über der Ebene der Leidenschaft findet sich das soziale Gefühl der Gesellschaft, des Schutzes und der Fürsorge; der Wunsch nach dem Wohlergehen des geliebten Menschen; die Vermischung der Liebe der Eltern mit der des Partners. Die menschliche Liebe manifestiert viele der altruistischen Emotionen während ihres Verlaufs. Das Wohlergehen des geliebten Menschen wird zum Hauptanliegen des Lebens, oft sogar stärker als die Selbsterhaltung. Die Freude des geliebten Menschen wird zur größten Freude, die die egoistischeren Formen des Glücks bei Weitem übertrifft. Dann kommen die ästhetischen Gefühle, die ihre Befriedigung in den beiden "Gleichheiten" finden, wobei Sympathie und Gefühlsgemeinschaft das verbindende Glied sind. Die verschiedenen Ideale der beiden verbinden sich, es entsteht eine idealistische Vereinigung, die oft als "geistige Harmonie" bezeichnet wird. Schließlich findet sich die Vermischung der intellektuellen Emotionen, wobei in der Harmonie eine der höchsten Formen der Lustzufriedenheit zwischen zwei Personen unterschiedlichen Geschlechts besteht. Man sagt, je mehr Dinge ein Mann und eine Frau gemeinsam "mögen", desto näher werden sie sich gegenseitig "mögen". "Ich liebe dich, weil du die Dinge liebst, die ich liebe", ist kein seltener Gedanke und Ausdruck.

Man sieht also, dass die menschliche sexuelle Liebe, obwohl sie aus dem Urinstinkt und der Leidenschaft geboren wurde, in ihrer Blütezeit etwas ganz anderes ist. Und doch würde und kann sie ohne ihre Wurzel nicht sein. Dies ist ein hervorragendes Beispiel für die komplexe Natur der häufigsten Emotionen. Es kann als typische Illustration verwendet werden. Was für sie gilt, gilt in gewisser Weise und in gewissem Maße auch für jede andere Form von Emotionen. Deshalb sollte man beim Studium einer bestimmten Emotion nicht zu schnell schreien: "Es ist dies, es ist das!", sondern vielmehr versuchen zu sagen: "Es besteht aus diesem und jenem, aus diesem und jenem! Wenige oder gar keine Emotionen sind einfach, die meisten sind dagegen sehr komplex. Daher die Schwierigkeit einer zufriedenstellenden Klassifizierung und die Gefahr einer dogmatischen Definition.

XVIII. Die Rolle der Emotionen.

Der Durchschnittsmensch unterschätzt die Rolle der Emotionen bei den geistigen Aktivitäten des Individuums sehr stark. Er neigt zu der Meinung, dass, mit Ausnahme der gelegentlichen Manifestation eines starken emotionalen Gefühls, die Mehrheit der Personen durch das Leben geht, indem sie nur die Argumentations- und Reflexionsfähigkeiten benutzen, um die Probleme des Lebens zu entscheiden und den mentalen Handlungsablauf zu lenken. Es kann keinen größeren Fehler bezüglich der geistigen Aktivitäten geben. Weit davon entfernt, dem Intellekt untergeordnet zu sein, dominiert die emotionale Natur in den meisten Fällen die Argumentationsfähigkeiten. Es gibt nur sehr wenige Menschen, die in der Lage sind, sich auch nur in geringem Maße von den Gefühlen zu lösen und Fragen durch reine Vernunft oder intellektuelle Anstrengung kaltblütig zu entscheiden. Außerdem gibt es nur wenige Personen, deren Wille von der reinen Vernunft geleitet wird; die Gefühle liefern das Motiv für die Mehrzahl von Willensakten. Der Intellekt, auch wenn er benutzt wird, wird im Allgemeinen dazu eingesetzt, das Diktat des Gefühls und des Verlangens besser auszuführen. Ein Großteil unserer Argumentation wird durchgeführt, um unsere Gefühle zu rechtfertigen, oder um Beweise für die von unseren Wünschen, Gefühlen, Sympathien, Vorurteilen oder Gefühlen diktierte Position zu finden. Es ist gesagt worden, dass "Menschen nicht nach Gründen, sondern nach Ausreden für ihre Handlungen suchen".

Außerdem spielen in den elementaren Prozessen des Intellekts die Emotionen eine wichtige Rolle. Wir haben gesehen, dass die Aufmerksamkeit weitgehend dem Interesse folgt, und das Interesse resultiert aus dem Gefühl. Deshalb ist unsere Aufmerksamkeit und das, was daraus entsteht, weitgehend von den Gefühlen abhängig. So behauptet das Gefühl seine Macht, das äußere Tor des Wissens zu bewachen, und bestimmt weitgehend, was darin eindringen soll und was nicht. Es ist eines der immer wieder auftauchenden Paradoxe der Psychologie, dass, obwohl Gefühle ursprünglich aus der Aufmerksamkeit entstanden sind, es ebenso wahr ist, dass die Aufmerksamkeit weitgehend von dem aus den Gefühlen resultierenden Interesse abhängt. Dies wird gerne zugegeben, wenn es sich um unwillkürliche Aufmerksamkeit handelt, die immer auf die Objekte des Interesses und des Gefühls gerichtet ist, aber es trifft ebenso auf die freiwillige Aufmerksamkeit zu, die wir auf etwas richten, das von größerem oder fast ultimativem Interesse ist als die Dinge von geringerem oder unmittelbarerem Interesse.

Sully sagt: "Durch einen Willensakt kann ich mich dazu entschließen, meine Aufmerksamkeit auf etwas zu richten - sagen wir eine Stelle in einem Buch. Aber wenn das Objekt nach dem vorbereitenden Anpassungsprozess des geistigen Auges keine interessante Phase auslöst, werden alle Willigen der Welt keinen ruhigen, gefestigten Zustand der Konzentration erzeugen. Der Wille führt Geist und Objekt zusammen; er kann keine Bindung zwischen ihnen erzwingen. Keinem Aufmerksamkeitszwang ist es je gelungen, ein kleines Kind durch einen Akt der Konzentration dazu zu bringen, ein ungeeignetes und daher uninteressantes Objekt herzlich zu umarmen und sich anzueignen. Wir sehen also, dass selbst das freiwillige Interesse nicht aus dem Einfluss des Interesses genommen wird. Was der Wille tut, ist die Art des Interesses zu bestimmen, die im Moment vorherrschen soll."

Auch hier können wir sehen, dass das Gedächtnis weitgehend vom Interesse an der Aufzeichnung und Erinnerung seiner Eindrücke abhängig ist. Wir erinnern uns am leichtesten an das, was uns am meisten interessiert. Im Verhältnis zu dem Mangel an Interesse an einer Sache fällt es uns schwer, uns zu erinnern. Das gilt auch für die Fantasie, denn sie weigert sich, sich mit dem zu beschäftigen, was nicht interessant ist. Selbst in den Denkprozessen finden wir den Willen, sich vor uninteressanten Themen zu scheuen, aber im Galopp vorwärts zu galoppieren und den Rollstuhl interessanter intellektueller Anwendung vor sich her zu schieben.

Unsere Urteile werden von unseren Gefühlen beeinflusst. Es ist viel leichter, die Handlungen einer Person zu billigen, die uns gefällt oder deren Ansichten mit unseren eigenen übereinstimmen, als die eines Individuums, dessen Persönlichkeit und Ansichten für uns geschmacklos sind. Es ist sehr schwer zu verhindern, dass Vorurteile, ob für oder gegen einen Menschen, unsere Urteile beeinflussen. Es ist auch wahr, dass wir in Dingen und Personen das finden, was wir suchen", und dass das, was wir erwarten und suchen, oft von unseren Gefühlen abhängig ist. Wenn wir eine Person oder ein Ding nicht mögen, sind wir gewöhnlich in der Lage, in ihr oder ihm unendlich viele unerwünschte Dinge wahrzunehmen; während wir bei einer günstigen Neigung leicht viele bewundernswerte Eigenschaften in derselben Person oder demselben Ding finden. Eine kleine Veränderung in unserem Gefühl führt oft dazu, dass wir uns ein völlig neues Urteil über eine Person oder Sache bilden.

Halleck sagt gut: "Einerseits sind die Emotionen günstig für intellektuelles Handeln, da sie das Interesse, das man am Studium empfindet, liefern. Man kann sich intensiv mit einem bestimmten Thema beschäftigen und um so besser studieren. Daher sind die Emotionen nicht, wie früher gedacht, ganz und gar feindlich gegenüber intellektuellem Handeln. Emotionen beschleunigen oft die Wahrnehmung, brennen Dinge unauslöschlich in das Gedächtnis ein und verdoppeln die Geschwindigkeit des Denkens. Auf der anderen Seite verunreinigen starke Gefühle oft jede Operation des Intellekts. Sie veranlassen uns, nur das zu sehen, was wir sehen wollen, uns nur an das zu erinnern, was unser enges Gefühl zu der Zeit interessiert, und nur aus egoistischen Daten zu schlussfolgern.

* * * *

Die Emotion setzt das vergrößernde Ende des Teleskops vor unsere intellektuellen Augen, wenn es um unsere eigenen Interessen geht, bzw. das minimalisierende Ende, wenn wir das Interesse anderer betrachten.

* * * *

Der Gedanke wird abgelenkt, wenn er durch ein emotionales Medium geht, genau wie ein Sonnenstrahl, wenn er auf Wasser trifft."

Was den Willen betrifft, so sind die besten Autoritäten der Meinung, dass er fast, wenn nicht sogar völlig vom Verlangen nach seiner Triebkraft abhängt. Da das Begehren ein Auswuchs und eine Entwicklung des Gefühls und der Emotion ist, wird gesehen, dass sogar der Wille vom Gefühl für seine anregenden Motive und seine Richtung abhängt. Wir werden diesen Punkt in den Kapiteln, die den Aktivitäten des Willens gewidmet sind, näher betrachten.

Wir möchten Sie an dieser Stelle noch einmal an das große Dreieck des Geistes, die emotionalen, idealen und willentlichen Aktivitäten - *Fühlen, Denken und Wollen* - und ihre ständige Reaktion aufeinander und ihre absolute Abhängigkeit voneinander, erinnern. Wir stellen fest, dass unsere Gefühle aus dem früheren Wollen und der früheren Ideation entstehen und durch Ideen geweckt und durch den

Willen unterdrückt werden; wieder sehen wir, dass unsere Ideen weitgehend von dem Interesse abhängen, das unsere Gefühle liefern, und dass unsere Urteile von der gefühlsmäßigen Seite unseres geistigen Lebens beeinflusst werden, wobei auch der Wille seine Rolle in der Sache spielt. Wir sehen auch, dass der Wille von den Gefühlen in die Aktivität gerufen wird, und oft von unseren Gedanken geleitet oder eingeschränkt wird, wobei der Wille in der Tat als ganz von unseren Gefühlen und Ideen bewegt angesehen wird. So ist die Dreifaltigkeit der psychischen Kräfte, die immer in wechselseitiger, beziehungskonstanter Aktion und Reaktion zwischen ihnen gesehen wird, immer vorhanden.

XIX. Die Emotionen und das Glücklichsein.

Das "GLÜCK" wurde von einer Autorität definiert als "die lustvollen Emotionen, die aus der Befriedigung aller Wünsche entstehen; der Genuss von Vergnügen ohne Schmerz". Ein anderer hat gesagt, dass "Glück der Zustand ist, in dem alle Wünsche erfüllt werden". Aber diese Definitionen sind angegriffen worden. Viele sind der Meinung, dass ein Zustand der absoluten Befriedigung des Verlangens kein Glück ist, denn das Glück besteht weitgehend aus lustvoller Vorfreude und Vorstellungen, die mit der Verwirklichung des Verlangens verschwinden. Es wird angenommen, dass die absolute Befriedigung ein negativer Zustand wäre. Paley drückte eine bessere Idee aus, als er sagte, dass "jeder Zustand als 'glücklich' bezeichnet werden kann, in dem die Menge oder die Gesamtheit der Freude die Menge des Schmerzes übersteigt, und der Grad des Glücks hängt von der Menge dieses Überschusses ab".

Einige haben die Ansicht vertreten, dass ein bestehender Kontrast zwischen Schmerz und Vergnügen (die Balance ist zugunsten des letzteren) notwendig ist, um Glück zu etablieren. Wie dem auch sei, es wird von allen zugegeben, dass das eigene Glück oder Unglück ganz von der emotionalen Natur und dem Grad der Befriedigung abhängt. Und es wird allgemein zugegeben, dass das Glücklichsein das große Ziel des Lebens der Mehrheit der Menschen ist, wenn auch nicht von jedem Menschen. Das Glück hängt natürlich von der Qualität und dem Grad der Gefühle ab, die die emotionale Natur des Menschen bilden. Man sieht also, dass wir in diesem wie in fast allem Anderen, was das Leben lebenswert macht, von der emotionalen Seite unseres geistigen Lebens abhängig sind.

Theologen haben oft versucht, darauf hinzuweisen, dass das Glück nicht das Ziel des Lebens und des Umgangs ist, aber die menschliche Natur hat immer darauf bestanden, dass das Glück das größte Ziel ist, und die Philosophie hat es im Allgemeinen unterstützt. Aber die Weisheit zeigt, dass das Glück nicht immer vom Vergnügen des Augenblicks abhängig ist, denn der Verzicht auf das unmittelbare Vergnügen führt häufig zu einem viel größeren Glück in der Zukunft. Genauso gewinnt eine unmittelbare unangenehme Aufgabe für uns oft eine größere Befriedigung in der Zukunft. Ebenso ist es oft ein größeres Glück, ein persönliches Vergnügen für das Glück anderer zu opfern, als es wäre, das Vergnügen des Augenblicks auf Kosten der Schmerzen des anderen zu genießen. Oft ist die Freude, die sich aus einer altruistischen Handlung der Selbstaufopferung ergibt, viel größer als bei der Ausführung der selbstsüchtigen, egoistischen Handlung. Aber, wie der subtile Denker vielleicht betont, das Ergebnis ist das gleiche - das ultimative Glück und die Befriedigung des Selbst. Diese Schlußfolgerung beraubt den altruistischen Akt jedoch nicht seiner Tugend, denn derjenige, der seine größte Freude daran findet, anderen Freude zu bereiten, ist zu beglückwünschen - ebenso wie die Gemeinschaft, die ihn beherbergt.

Schmerz, Leid, Opfer oder Unglück um ihrer selbst willen ist keine Tugend. Diese Illusion der Askese verschwindet aus dem menschlichen Geist. Das Opfer des Individuums ist nur dann wertvoll und gültig, wenn es zu einem höheren gegenwärtigen oder zukünftigen Glück des Individuums oder eines anderen führt. Schmerzen sind keine Tugend, weder körperlich noch geistig, außer als Schritt zu einem größeren Wohl für uns selbst oder andere. Schmerz ist bestenfalls ein Alarm der Natur und eine Warnung vor "nicht so". Es wird auch behauptet, dass Schmerz dazu dient, Vergnügen zu erzeugen, und daher auf diese Weise wertvoll ist. Wie dem auch sei, kein normales Individuum sucht absichtlich den ultimativen Schmerz anstelle des ultimativen Glücks; das größte ultimative Glück für sich selbst und für die, die er liebt, ist das normale und natürliche Ziel des normalen Menschen. Aber das Konzept "derer, die er liebt" schließt in vielen Fällen sowohl die eigene Art als auch die enge Familie ein.

Die Weisheit zeigt dem Einzelnen, dass das größte Glück zu dem kommt, der viele seiner Gefühle kontrolliert und zurückhält. Ausschweifungen führen letztlich zu Schmerz und Unglück. Die Doktrin des gedankenlosen Nachgebens ist unphilosophisch und wird durch die Erfahrung der Menschheit widerlegt. Darüber hinaus zeigt die Weisheit, dass das höchste Glück nicht allein aus dem Nachlassen der körperlichen Gefühle oder einem Übermaß daran entsteht, sondern vielmehr aus der Kultivierung, Entwicklung und Manifestation der höheren Gefühle - der sozialen, ästhetischen und intellektuellen Emotionen. Die höheren Vergnügungen des Lebens, der Literatur, Kunst, Musik, Wissenschaft, Erfindung, konstruktive Phantasie usw. bringen eine Befriedigung und ein Glück, das stärker und dauerhafter ist als die niedrigeren Formen des Gefühls. Aber der Mensch darf keinen Teil seines Gefühlslebens verachten. Alles hat seinen Nutzen, der gut ist, und seine Fehler, die schlecht sind. Jeder Teil des eigenen Wesens, geistig und körperlich, ist gut zu gebrauchen; aber kein Teil wird sinnvoll genutzt, wenn er das Individuum gebraucht, anstatt selbst gebraucht zu werden.

Ein neuerer Schriftsteller hat behauptet, dass das Ziel und der Zweck des Lebens nicht das Streben nach Glück, sondern die Charakterbildung sein sollte. Die offensichtliche Antwort ist, dass beides im Geiste identisch ist, denn für den Menschen, der den Wert des Charakters schätzt, ist seine Erreichung das größte Glück; die Weisen lehren, dass das größte Glück demjenigen zuteilwird, der einen gut entwickelten und abgerundeten Charakter besitzt. Ein anderer Schriftsteller hat gesagt, dass "das Ziel des Lebens die Selbstvervollkommnung unter Berücksichtigung der Interessen anderer sein sollte". Das heißt nur, dass das größte Glück für den weisen Mann auf diesem Weg liegt. Jeder, der weise genug oder groß genug ist, diese Dinge zum Ziel und Zweck des Lebens zu machen, wird das größte Glück darin finden. Arnold Bennett führt als gute Lebensphilosophie aus: "Fröhlichkeit, Freundlichkeit und Rechtschaffenheit". Kann jemand daran zweifeln, dass dieser Kurs großes, ultimatives Glück bringen würde?

Das Glück besteht in dem, was "den Inhalt des Geistes" ausmacht, und Letzteres hängt ganz vom Charakter der Gefühle und Emotionen ab, die man unterhält, wie sie in der Waage der Vernunft gewogen und durch das Urteil und den Sinn des rechten Handelns weitergegeben werden. Das größte Glück oder zumindest das größte Verhältnis von Freude und Schmerz wird durch eine sorgfältige und intelligente Kultivierung der gefühlsmäßigen Seite des Wesens in Verbindung mit der Kultivierung des Intellekts und der Beherrschung des Willens erreicht. Imstande zu sein, die Fähigkeit zur Freude auf das höchste Niveau zu bringen; imstande zu sein, intelligent das zu wählen, was in Übereinstimmung mit dem richtigen Handeln das größte endgültige Glück bringt; und schließlich imstande zu sein, den Willen in Richtung des Festhaltens an dem Guten und der Ablehnung des Schlechten zu nutzen - das ist die Macht, das Glück zu erschaffen. Die Gefühle, der Intellekt und der Wille - hier, wie immer, verbinden sich, um das Ergebnis zu manifestieren.

Schließlich muss daran erinnert werden, dass alles menschliche Glück zum Teil in der Fähigkeit besteht, Schmerz zu ertragen - zu leiden. Der weise Epikuräer muss einen Hauch von Stoizismus haben. Man muss lernen, aus Schmerz, Leid und Unglück den geheimen Tropfen Honig zu zupfen, der in seinem Herzen liegt und der in der Kenntnis der Bedeutung und des Gebrauchs von Schmerz und der Mittel besteht, mit denen er in Wissen und Erfahrung verwandelt werden kann, aus denen später das Glück destilliert werden kann. Vom Schmerz zu profitieren, das Leiden in Freude zu verwandeln, das gegenwärtige Unglück in ein zukünftiges größeres Glück zu verwandeln - das ist das Privileg des Philosophen.

Die mentalen Zustände und Aktivitäten, die als "Begehren" bekannt sind, sind eine direkte Entwicklung der gefühlsmäßigen und emotionalen Phase des Geistes und bilden die Triebkraft des Willens. Tatsächlich kann man sagen, dass sich das Begehren aus Gefühl auf der einen Seite und Wille auf der anderen Seite zusammensetzt. Aber der Einfluss des Intellekts oder des logischen Denkens spielt eine wichtige Rolle bei der Entwicklung von Gefühl zu Verlangen und bei der konsequenten Handlung des Willens durch die Darstellung und Abwägung von widersprüchlichen Wünschen. Daher ist der logische Ort für die Betrachtung der Aktivitäten des Intellekts an diesem Punkt zwischen Gefühl und Wille. Dementsprechend werden wir das Thema Gefühl und Emotion für den Augenblick verlassen, um es im Zusammenhang mit dem Thema des Begehrens wieder aufzunehmen.

XX. Der Intellekt.

Die Kategorie von psychischen Zuständen oder Prozessen, die unter dem Namen "intellektuelle Prozesse" zusammengefasst sind, bildet die zweite große Unterteilung der psychischen Zustände, wobei die beiden anderen "Gefühl" und "Wille" sind.

"Intellekt" wurde wie folgt definiert: "Der Teil oder das Vermögen des menschlichen Geistes, durch den er versteht, im Gegensatz zu der Fähigkeit zu fühlen und zu wollen. – Der Intellekt ist das Denkvermögen, das Verstehen auch dasjenige Vermögen des menschlichen Geistes, durch das er die Ideen, die ihm durch die Sinne oder die Wahrnehmung oder andere Mittel mitgeteilt werden, empfängt oder versteht, im Gegensatz zu der Fähigkeit zu fühlen und zu wollen. – Der Intellekt ist die Macht oder das Vermögen, Objekte in ihren Beziehungen wahrzunehmen; die Macht, zu urteilen und zu verstehen; auch die Fähigkeit zu höheren Formen des Wissens, im Gegensatz zu der Macht, wahrzunehmen und sich vorzustellen".

In den vorhergehenden Kapiteln haben wir gesehen, dass das Individuum in der Lage ist, Empfindungen im Bewusstsein zu erfahren, und dass es in der Lage ist, beides geistig wahrzunehmen, wobei Letzteres der erste Schritt der intellektuellen Aktivität ist. Wir haben auch gesehen, dass der Geist in der Lage ist, die Wahrnehmung durch Erinnerung und Vorstellungskraft zu reproduzieren, und dass er durch Letztere in der Lage ist, die Objekte der Wahrnehmung neu zu kombinieren und neu anzuordnen. Wir haben auch gesehen, dass er so genannte "Gefühle" hat, die von seinen früheren Erfahrungen und denen seiner Vorfahren abhängen. Bisher wurde der Geist lediglich als ein empfangendes und reproduzierendes Instrument betrachtet, mit der zusätzlichen Möglichkeit der rekombinierenden Kraft der Imagination. Bis zu diesem Punkt kann der Verstand mit dem phonographischen Zylinder verglichen werden, mit einem Aufsatz, der in der Lage ist, die aufgezeichneten Eindrücke neu zu kombinieren. Die Eindrücke werden empfangen und wahrgenommen, gespeichert, reproduziert und mithilfe der Vorstellungskraft neu kombiniert.

Bis zu diesem Punkt wird der Geist als mehr oder weniger ein automatisches, instinktives System gesehen. Er kann von der rein reflexartigen Aktivität der niedrigsten Lebensformen Schritt für Schritt durch die niederen Tiere nach oben verfolgt werden, bis ein sehr hohes Maß an geistiger Kraft in Tieren wie dem Pferd, dem Hund oder dem Elefanten wahrgenommen wird. Aber es fehlt etwas. Es fehlt jene eigentümliche Kraft des Denkens in Symbolen und abstrakten Vorstellungen, die den Menschen auszeichnet und die eng mit dem Sprachvermögen oder der Fähigkeit, Gedanken in Worte zu fassen, verbunden ist. Der vergleichsweise hohe geistige Prozess der niederen Tiere wird durch das menschliche Vermögen des "Denkens" in den Schatten gestellt. Und das Denken ist die Manifestation des Intellekts.

Was ist es zu denken? Seltsamerweise können nur sehr wenige Menschen diese Frage am Anfang richtig beantworten. Sie finden sich geneigt, die Frage mit den Worten des Kindes zu beantworten: "Warum, denken ist denken!" Mal sehen, ob wir das klarstellen können. Die Wörterbuchdefinition ist ein wenig zu technisch, um für den Anfänger von großem Nutzen zu sein, aber hier ist sie: "Alle intellektuellen Fähigkeiten außer der einfachen Wahrnehmung durch die Sinne zu nutzen." Aber was sind die "intellektuellen Fähigkeiten", die so eingesetzt werden, und wie werden sie eingesetzt? Sehen wir mal nach.

Wenn wir die Sache klar und deutlich in allgemeinen Begriffen ausdrücken, können wir sagen, dass "Denken" der mentale Prozeß ist, (1) unsere Wahrnehmungen der Dinge miteinander zu vergleichen, die Punkte der Ähnlichkeit und der Differenz zu notieren; (2) sie nach der festgestellten Ähnlichkeit oder Differenz zu klassifizieren und sie so in mentale Bündel mit jeder Menge "Dinge einer Art" in ihrem eigenen Bündel zu binden, (3) von jeder so gruppierten Dingklasse die abstrakte, symbolische geistige Idee (Konzept) zu bilden, die wir anschließend verwenden können, wie wir Zahlen in mathematischen Berechnungen verwenden; (4) diese Konzepte zu verwenden, um Schlüsse zu ziehen, d.h. um vom Bekannten zum Unbekannten zu folgern und Urteile über die Dinge zu bilden; (5) diese Urteile zu vergleichen und daraus höhere Urteile abzuleiten; und so weiter.

Ohne das Denken wäre der Mensch für sein Wissen von jeder einzelnen Erfahrung abhängig, es sei denn, Gedächtnis und Vorstellungskraft könnten ihm instinktiv helfen. Durch Denkprozesse wird er in die Lage versetzt, daraus zu schließen, dass, wenn bestimmte

Dinge für eine bestimmte Art von Dingen zutreffen, dasselbe von anderen derselben Klasse erwartet werden kann. Da er in der Lage ist, Ähnlichkeiten oder Unterschiede zu erkennen, kann er klarere und wahrere Schlüsse ziehen. Darüber hinaus kann er seine konstruktive Vorstellungskraft auf die Neuordnung und Neukombination von Dingen anwenden, deren Natur er entdeckt hat, und so auf der Linie der materiellen Errungenschaften, wie auch des Wissens voranschreiten. Dabei ist jedoch zu bedenken, dass der Verstand für sein Material ganz auf die Wahrnehmung angewiesen ist, die wiederum ihr Rohmaterial von den Sinnen erhält. Der Intellekt gruppiert lediglich das Material der Wahrnehmung, schließt daraus Schlussfolgerungen, zieht daraus Schlüsse und bildet Schlussfolgerungen über sie und setzt sie im Falle der konstruktiven Vorstellungskraft in wirksamen Formen und Anordnungen wieder zusammen. Der Intellekt ist der letzte in der Abfolge im Rahmen der geistigen Evolution. Er erscheint im Geist des Kindes als letzter Punkt der Entwicklung, aber er bleibt oft im Alter bestehen, nachdem die Gefühle schwach geworden sind und das Gedächtnis schwach ist.

Konzepte.

Das so genannte "Konzept" ist die erste Frucht der elementaren Denkprozesse. Die verschiedenen Bilder von äußeren Objekten werden wahrgenommen, empfunden und dann nach ihren Ähnlichkeiten und Unterschieden gruppiert, und das Ergebnis ist die Produktion von Konzepten. Es ist schwierig, einen Begriff so zu definieren, dass er dem Anfänger irgendeine Bedeutung vermittelt. Zum Beispiel geben die Wörterbücher die Definition als "eine abstrakte, allgemeine Vorstellung, Idee oder einen im Geist gebildeten Begriff". Das ist nicht sehr klar, oder? Vielleicht können wir es besser verstehen, wenn wir sagen, dass die Begriffe Hund, Katze, Mann, Pferd, Haus usw. jeweils einen Begriff ausdrücken. Jeder allgemeine Name einer Sache oder Eigenschaft ist ein auf den Gegenstand angewandter Begriff. Wir werden dies im Laufe der weiteren Vorgehensweise etwas klarer sehen.

Wir bilden auf diese Weise einen Begriff: (1) Wir nehmen eine Anzahl von Dingen wahr; (2) dann bemerken wir bestimmte Qualitäten, die bestimmte Eigenschaften, Attribute oder Merkmale besitzen, die das Ding zu dem machen, was es ist; (3) dann vergleichen wir diese Eigenschaften des Dings mit den Eigenschaften anderer Dinge und sehen, dass es in einigen Fällen eine Ähnlichkeit gibt, in verschiedenen Graden, und einen Unterschied in anderen Fällen, in verschiedenen Graden; (4) dann verallgemeinern oder klassifizieren wir die wahrgenommenen Dinge entsprechend ihrer festgestellten Ähnlichkeiten und Unterschiede; (5) dann bilden wir eine allgemeine Idee oder einen Konzept, das jede Klasse von Dingen verkörpert; Und schließlich geben wir dem Konzept einen Begriff oder Namen, der sein Symbol ist.

Das Konzept ist die Idee einer Klasse von Dingen; der Begriff ist das Etikett, das an dem Ding angebracht ist. Um diese letzte Unterscheidung zu veranschaulichen, nehmen wir zum Beispiel das Konzept und den Begriff des "Vogels". Durch die Wahrnehmung, den Vergleich und die Klassifizierung der Eigenschaften von Lebewesen sind wir zu dem Schluß gekommen, daß es eine große allgemeine Klasse gibt, deren Qualitäten so angegeben werden können: "Warmblüter, gefiederte, geflügelte, oviparöse, Wirbeltiere." Auf diese allgemeine Klasse von qualitätsbesitzenden Tieren wenden wir den englischen Ausdruck "bird" an. Der Name ist lediglich ein Symbol. Im Deutschen ist der Ausdruck vogel; im Lateinischen avis; aber in jedem Fall ist die oben genannte allgemeine Idee oder Konzeption, d.h. "warmblütig, gefiedert, geflügelt, eiförmig, Wirbeltier" gemeint. Wenn etwas gefunden wird, das all diese besonderen Eigenschaften hat, dann wissen wir, dass es das sein muss, was wir einen "Vogel" nennen. Und alles, was wir einen "Vogel" nennen, muss diese Eigenschaften haben. Der Begriff "Vogel" ist das Symbol für die besondere Kombination von Eigenschaften, die in einem Ding existiert.

Es gibt einen Unterschied zwischen einem mentalen Bild der Vorstellung und einem Konzept. Das mentale Bild muss immer von einer bestimmten Sache sein, während das Konzept immer eine Idee einer allgemeinen Klasse von Dingen ist, die sich im Geist nicht klar abbilden lassen. Zum Beispiel kann die Vorstellungskraft das geistige Bild eines beliebigen bekannten Vogels oder sogar eines imaginären Vogels darstellen, aber dieser Vogel wird immer ein bestimmter, besonderer Vogel sein. Versuchen Sie, sich ein geistiges Bild von der allgemeinen Klasse der Vögel zu machen - wie wollen Sie das machen? Ist Ihnen die Schwierigkeit klar? Zunächst müsste ein solches Bild die Merkmale der großen Vögel wie Adler, Strauß und Kondor und der kleinen Vögel wie Zaunkönig und Kolibri enthalten. Es muss die Form aller Vögel zusammensetzen, vom Strauß, Schwan, Adler, Kranich bis hin zum Spatz, der Schwalbe und dem Kolibri. Er muss die besonderen Eigenschaften der Raub-, Wasser- und Hausvögel sowie der Getreidefresser darstellen. Er muss alle Farben der Vogelwelt zeigen, von den hellsten Rot- und Grüntönen bis hin zu den nüchternen Grau- und Brauntöne. Ein wenig Nachdenken wird zeigen, dass ein klares mentales Bild eines solchen Konzepts unmöglich ist. Was die meisten von uns tun, wenn wir an "Vogel" denken, ist, sich eine vage, fliegende Form von stumpfer Farbe vorzustellen; aber, wenn wir aufhören zu denken, dass der Begriff auch die watschelnde Ente und das kratzende Scheunenhuhn einschließen muss, sehen wir, dass unser geistiges Bild fehlerhaft ist. Das Problem ist, dass der Begriff "Vogel" in Wirklichkeit " Alles-Vogel" bedeutet, und wir können uns einen "Alles-Vogel" nicht von der Natur des Falles her vorstellen. Unsere Begriffe sind daher wie mathematische Figuren oder algebraische Symbole, die wir für ein einfaches, schnelles und klares Denken verwenden.

Der Ärger hört hier nicht auf. Konzepte umfassen nicht nur die allgemeine Vorstellung von den Dingen, sondern auch die allgemeine Vorstellung von den Eigenschaften der Dinge. So sind Süße, Härte, Mut und Energie Konzepte, aber wir können uns kein geistiges Bild von ihnen allein machen. Wir können uns vielleicht ein süßes Ding vorstellen, aber nicht die Süße selbst. Sie sehen also, dass ein Konzept eine rein abstrakte geistige Idee ist - ein Symbol -, das den Ziffern 1, 2, 3 usw. ähnelt und in gleicher Weise verwendet wird. Sie stehen für allgemeine Klassen von Dingen. Ein "Begriff" ist der verbale und schriftliche Ausdruck der allgemeinen Idee oder des Konzepts. Der Lernende wird aufgefordert, diese Unterscheidungen in seinem Kopf zu fixieren, um das weitere Verständnis zu erleichtern.

XXI. Die Konzeption.

Der Prozess der Konzeption wurde von Gordy gut definiert als "jener Akt des Geistes, durch den er eine Idee einer Klasse bildet; oder jener Akt des Geistes, der es uns ermöglicht, allgemeine Namen intelligent zu verwenden". Er fügt hinzu: "Es ist natürlich klar, dass ich das Wort 'Klasse' benutze, um eine unbestimmte Anzahl von Individuen zu bezeichnen, die sich in bestimmten Einzelheiten ähneln."

DIE WAHRNEHMUNG.

Der erste Schritt bei der Konzeption ist, wie wir gesehen haben, der der Wahrnehmung. Es ist leicht zu erkennen, dass der Charakter unserer intellektuellen Prozesse materiell von der Vielfalt, Klarheit und Genauigkeit unserer Wahrnehmungen abhängt. Deshalb möchten wir unsere Lernenden nochmals auf das Kapitel verweisen, in dem wir die Bedeutung der klaren Wahrnehmung dargelegt haben.

DAS GEDÄCHTNIS.

Die weiteren Schritte der Konzeption hängen grundsätzlich von der Klarheit des Gedächtnisses ab, da wir Objekte nur klassifizieren können, wenn wir uns an ihre Eigenschaften über den unmittelbaren Moment der tatsächlichen, ursprünglichen Wahrnehmung hinaus erinnern. Daher sollte das Gedächtnis für dieses wie auch für andere Objekte gestärkt werden.

ABSTRAKTION.

Der zweite Schritt in der Konzeption ist der der mentalen Abstraktion von Qualitäten aus dem beobachteten Ding. Das heißt, wir müssen die beobachteten Qualitäten des Dings wahrnehmen und dann geistig beiseitelegen. Zum Beispiel nahm der Mensch zuerst die Existenz bestimmter Eigenschaften der Dinge wahr. Er fand heraus, dass eine bestimmte Anzahl von Dingen einige dieser Eigenschaften gemeinsam hatte, während andere auf die gleiche Weise andere Eigenschaften besaßen, und so entstand die Klassifizierung durch Vergleich. Aber sowohl Vergleich als auch Klassifizierung sind nur durch Abstraktion möglich, oder die Wahrnehmung der Qualität als "Ding"; also die Abstraktion der Idee der Qualität der Süße von der Idee des Zuckers. Die Süße ist eher eine Qualität als eine Sache selbst. Sie ist etwas, das der Zucker besitzt und das hilft, den Zucker zu dem zu machen, was er ist.

Farbe, Form, Größe, geistige Qualitäten, Handlungsgewohnheiten - das sind einige der Qualitäten, die zuerst in den Dingen beobachtet und im Denken von ihnen abstrahiert werden. Röte, Süße, Härte, Weichheit, Größe, Kleinheit, Duft, Schnelligkeit, Langsamkeit, Heftigkeit, Sanftheit, Wärme, Kälte usw. - das sind abstrahierte Eigenschaften der Dinge. Natürlich sind diese Qualitäten wirklich nie von den Dingen getrennt, aber der Verstand trennt sie, um das Denken zu erleichtern. Eine Autorität sagt: "Tiere sind unfähig, Abstraktionen zu bilden, und das ist der Grund, warum sie kein formales Denken entwickeln können.

* * *

Abstraktes Denken ist identisch mit rationalem Denken, das das charakteristische Merkmal des Denkens sprechender Wesen ist. Das ist der Grund, warum das abstrakte Denken auf der Erde das ausschließliche Eigentum des Menschen ist, und warum die Tiere unfähig sind, abstrakt zu denken. Der Vorgang des Benennens ist der Mechanismus der Abstraktion, denn Namen begründen die geistige Unabhängigkeit der benannten Gegenstände".

Die Prozesse der Abstraktion hängen von der Aufmerksamkeit ab. Aufmerksamkeit, die auf die Eigenschaften eines Dings gerichtet ist, neigt dazu, die Eigenschaften im Denken vom Ding selbst zu abstrahieren. Mill sagt: "Abstraktion ist in erster Linie das Ergebnis von Aufmerksamkeit." Hamilton sagt: "Aufmerksamkeit und Abstraktion sind nur derselbe Prozess, wenn man sie in verschiedenen Beziehungen betrachtet." Die Kultivierung der Kraft der Abstraktion bedeutet vor allem die Kultivierung der Aufmerksamkeit. Jede geistige Aktivität, die zur Analyse oder Trennung einer Sache in ihre Teile, Qualitäten oder Elemente tendiert, dient der Kultivierung und Entwicklung der Abstraktionskraft.

Die Gewohnheit, Qualitäten in Begriffe umzuwandeln, wird durch die Transformation von Adjektivbegriffen in ihre entsprechenden Substantivbegriffe erworben. So besitzt z.B. ein farbiges Bonbon die Eigenschaften rund, hart, rot, süß usw.. Wenn wir diese Adjektivqualitäten in Substantivbegriffe umwandeln, haben wir die Begriffe Rundheit, Härte, Röte und Süße.

VERGLEICH.

Der dritte Schritt der Konzeption ist der des Vergleichs, bei dem die Eigenschaften mehrerer Dinge verglichen oder auf Ähnlichkeiten und Unterschiede untersucht werden. Wir finden viele Qualitäten, in denen sich die verschiedenen Dinge unterscheiden, und einige wenige, in denen es eine Ähnlichkeit gibt. Aus den Ähnlichkeiten oder Übereinstimmungen werden Klassen gebildet, während die Individuen durch die Erkennung von Unterschieden von den ersichtlichen Klassen getrennt werden. Schließlich wird festgestellt, dass die getrennten Dinge, obwohl sie viele Unterschiede haben, die auf ihre Individualität hinweisen, dennoch einige Ähnlichkeiten aufweisen, die darauf hindeuten, dass sie zur selben allgemeinen Familie oder Klasse gehören. Das Erkennen von Ähnlichkeiten und Unterschieden in den Eigenschaften verschiedener Dinge ist ein wichtiger mentaler Prozess. Viele der höheren Denkprozesse hängen weitgehend von der Fähigkeit ab, Dinge richtig zu vergleichen. Die Entwicklung von Aufmerksamkeit und Wahrnehmung neigt dazu, die Fähigkeit zum Vergleich zu entwickeln.

KLASSIFIKATION ODER GENERALISIERUNG.

Der vierte Schritt in der Konzeption ist der der Klassifikation oder Generalisierung, wobei wir einzelne Dinge in ein geistiges Bündel oder eine Klasse stellen, und dann dieses Bündel zusammen mit anderen Bündeln in eine höhere Klasse bringen, und so weiter. So gruppieren wir alle einzelnen kleinen Vögel mit bestimmten Merkmalen zu einer Art, dann mehrere verwandte Arten zu einer größeren Familie, und diese zu einer noch größeren, bis wir schließlich alle Vogelfamilien zu der großen Familie zusammenfassen, die wir "Vögel" nennen und von der der einfache Begriff "Vogel" das allgemeine Konzept ausdrückt.

Jevons sagt: "Wir klassifizieren die Dinge zusammen, wenn wir beobachten, dass sie sich in irgendeiner Hinsicht ähnlich sind, und denken daher gemeinsam an sie. Bei der Klassifizierung einer Sammlung von Gegenständen fassen wir nicht nur diejenigen in Gruppen zusammen, die einander ähneln, sondern wir teilen jede

Klasse in kleinere, die sich in ihrer Ähnlichkeit vollständiger sind. So kann die Klasse der weißen Substanzen in feste und flüssige Substanzen unterteilt werden, sodass wir die beiden kleineren Klassen der feststoffweißen und flüssig-weißen Substanzen erhalten. Es ist wünschenswert, Namen zu haben, die zeigen, dass eine Klasse in einer anderen enthalten ist, und dementsprechend nennen wir die Klasse, die in zwei oder mehr kleinere Klassen unterteilt ist, die Gattung, und die kleineren, in die sie unterteilt ist, die Art".

Jede Art ist eine kleine Familie der Individuen, aus denen sie sich zusammensetzt, und gleichzeitig eine einzelne Art der unmittelbar darüber liegenden Gattung; die Gattung wiederum ist eine Familie aus mehreren Arten und gleichzeitig eine einzelne Gattung in der darüber liegenden größeren Familie oder Gattung.

Der Schüler kann sich mit der Idee der Verallgemeinerung vertraut machen, indem er sich als Individuum betrachtet, John Smith. John repräsentiert diese Einheit der Verallgemeinerung. Der nächste Schritt ist, John mit den anderen Smiths seiner unmittelbaren Familie zu kombinieren. Dann kann diese Familie mit seinen nahen Blutsverwandten gruppiert werden, und so weiter, bis schließlich alle verwandten Smiths, nah und fern, in einer großen Smith-Familie zusammengefasst werden.

Oder die Familiengruppe kann auf die gleiche Weise erweitert werden, bis sie alle weißen Menschen in einer Grafschaft aufnimmt, dann alle weißen Menschen im Staat, dann alle in den Vereinigten Staaten; dann alle weißen Rassen, dann alle weißen und anderen Rassen, dann die ganze Menschheit. Dann kann die Rasse des Menschen in Unterrassen nach der Farbe unterteilt werden; dann kann die weiße Rasse in Amerikaner und Nicht-Amerikaner unterteilt werden. Dann können die Amerikaner in Bewohner der verschiedenen Staaten oder in Indianer und Nichtindianer unterteilt werden; dann in die Bewohner der verschiedenen Grafschaften von Indiana, und so werden die Posey Countians erreicht. Dann wird das Volk von Posey County in Schmiede und Nicht-Schmiede aufgeteilt, dann die Familie Smith in ihre einzelnen Familiengruppen und dann in die kleineren Familien, und so weiter, bis die Klassifizierung einen bestimmten John Smith erreicht, der schließlich als Individuum - in einer Klasse für sich selbst - gefunden wird. Dies ist die Geschichte der auf- und absteigenden Prozesse der Verallgemeinerung.

XXII. Klasse von Konzepten.

Im vorhergehenden Kapitel haben wir den Prozess der Konzeption - die Bildung von Konzepten - gesehen. Die Idee einer allgemeinen Klasse von Dingen oder Qualitäten ist ein Konzept. Jedes Konzept enthält die Eigenschaften, die allen Individuen, die die Klasse bilden, gemeinsam sind, aber nicht die Eigenschaften, die nur die kleineren Klassen oder die Individuen betreffen. Zum Beispiel wird das Konzept "Vogel" notwendigerweise die gemeinsamen Qualitäten Warmblutheit, Gefiedertheit, Flügeldichte, Eileiter und Wirbeltierhaftigkeit beinhalten. Aber es wird nicht Farbe, besondere Form, Größe oder besondere Merkmale oder Charakteristika der Unterfamilien oder Individuen, die die große Klasse bilden, einschließen. Die Klasse umfasst die Individuen und Unterklassen, aus denen sie sich zusammensetzt; das Konzept umfasst die allgemeinen und gemeinsamen Eigenschaften, die alle in der Klasse besitzen. Eine Wahrnehmung ist die geistige Vorstellung von einer bestimmten Sache; ein Begriff ist die geistige Vorstellung von den allgemeinen Eigenschaften einer Klasse von Dingen. Eine Wahrnehmung ist das geistige Bild einer bestimmten Sache; ein Konzept ist die geistige Vorstellung von den allgemeinen Eigenschaften einer Klasse von Dingen. Eine Wahrnehmung entsteht aus der Erfassung einer Empfindung; ein Konzept ist eine rein mentale, abstrakte Schöpfung, deren einzige Existenz in der Welt der Ideen liegt und die keinen entsprechenden individuellen Gegenstand in der Welt des Sinns hat.

Es gibt zwei allgemeine Klassen von Konzepten, nämlich (1) Konkrete Konzepte, in denen die gemeinsamen Eigenschaften einer Klasse von Dingen zu einer begrifflichen Idee, wie z.B. "Vogel", von der wir gesprochen haben, kombiniert werden; (2) abstrakte Konzepte, in denen die Idee einer bestimmten Qualität, die einer Reihe von Dingen gemeinsam ist, wie z.B. "Süße" oder "Röte", kombiniert wird. Jevons' bekannte Regel für Begriffe ist eine Hilfe bei der Erinnerung an diese Klassifizierung: "Ein konkreter Begriff ist der Name einer Sache; ein abstrakter Begriff ist der Name der Eigenschaft einer Sache."

Es ist eine eigentümliche Tatsache und Regel konkreter Konzepte, dass (1) je größer die Klasse der Dinge, die ein Konzept umfasst, desto kleiner sind seine generellen Eigenschaften; und (2) je größer die Anzahl der generellen Eigenschaften, die in einem Konzept enthalten sind, desto kleiner ist die Anzahl der Individuen, die es umfasst. Zum Beispiel umfasst der Begriff "Vogel" eine große Anzahl von Individuen - eigentlich alle Vögel, die es gibt, aber er hat nur ein paar gemeinsame Eigenschaften, wie wir gesehen haben. Im Gegensatz dazu hat das Konzept "Storch" eine viel größere Anzahl von allgemeinen Eigenschaften, aber es umfasst viel weniger Individuen. Schließlich wird das Individuum erreicht, und wir stellen fest, dass es mehr Eigenschaften hat, als jede Klasse haben kann; aber es besteht aus der kleinstmöglichen Anzahl von Individuen, nämlich einem. Das Geheimnis ist folgendes: Keine zwei Individuen können so viele Eigenschaften gemeinsam haben wie jedes einzelne, es sei denn, sie sind genau gleich, was in der Natur unmöglich ist.

Unvollkommene Konzepte.

Man sagt, dass außerhalb der streng wissenschaftlichen Definitionen nur sehr wenige Menschen in ihren Vorstellungen von der gleichen Sache übereinstimmen. Jeder hat seine eigene Vorstellung von der jeweiligen Sache, die er mit dem gleichen Begriff ausdrückt. Eine Anzahl Personen, die gebeten werden, einen gemeinsamen Begriff von "Liebe", Religion", Glaube", etc. zu definieren, werden so unterschiedliche Antworten geben, dass sie sich wundern werden. Wie Green sagt: "Meine Idee oder mein Bild gehört mir allein - der Lohn für sorgloses Beobachten, wenn es unvollkommen ist; für aufmerksames, sorgfältiges und abwechslungsreiches Beobachten, wenn es richtig ist. Zwischen meiner und Ihrer Idee besteht eine große Kluft. Kein Mensch kann von meiner zu Ihrer oder von Ihrer zu meiner gehen. Weder das eine noch das andere kann im eigentlichen Sinne des Wortes auf Sie übertragen werden. Worte vermitteln keine Gedanken, sie sind keine Gedankenträger im eigentlichen Sinne des Wortes. Ein Wort ist einfach ein gemeinsames Symbol, das jeder mit seiner eigenen Idee oder seinem eigenen Bild assoziiert."

Der Grund für den Unterschied in den Konzepten mehrerer Personen liegt darin, dass nur sehr wenige unserer Konzepte nahezu perfekt sind; die meisten von ihnen sind recht unvollkommen und unvollständig. Jevons gibt uns eine Vorstellung davon in seinen Bemerkungen zur Klassifizierung: "Die Dinge scheinen sich sehr ähnlich zu sein, was nicht der Fall ist. Wale, Tümmler, Seehunde und einige andere Tiere leben im Meer genau wie ein Fisch; sie haben eine ähnliche Form und werden gewöhnlich unter den Fischen klassifiziert. Man sagt, dass die Menschen Walfischfang betreiben. Doch diese Tiere sind in Wirklichkeit gar keine Fische, sondern eher Hunde, Pferde und andere Vierbeiner, als dass sie wie Fische sind. Sie können nicht ganz unter Wasser leben und die im Wasser enthaltene Luft wie Fische einatmen, sondern müssen in Abständen an die Oberfläche kommen, um Luft zu holen. Ebenso dürfen wir die Fledermäuse nicht den Vögeln zuordnen, weil sie umherfliegen, obwohl sie das haben, was man Flügel nennen würde; diese Flügel sind nicht wie die der Vögel, und in Wahrheit sind Fledermäuse viel mehr wie Ratten und Mäuse als wie Vögel. Früher haben Botaniker Pflanzen nach ihrer Größe als Bäume, Sträucher oder Kräuter klassifiziert, aber heute wissen wir, dass ein großer Baum oft einem kleinen Kraut ähnlicher ist als anderen großen Bäumen. Ein Gänseblümchen hat wenig Ähnlichkeit mit einer großen schottischen Distel, aber der Botaniker betrachtet sie als sehr ähnlich. Der hochwachsende Bambus ist eine Art Gras, und auch das Zuckerrohr gehört zur gleichen Klasse wie Weizen und Hafer".

Es ist wichtig, dass zumindest für die vertrauten Dinge des Lebens klare Vorstellungen gebildet werden. Die Liste der klaren Begriffe sollte von Zeit zu Zeit durch Studium, Untersuchung und Prüfung ergänzt werden. Das Wörterbuch sollte häufig konsultiert und ein Begriff so lange studiert werden, bis man eine klare Bedeutung des Begriffs hat, den er ausdrücken soll. Eine gute Enzyklopädie wird sich auch in dieser Hinsicht als sehr nützlich erweisen. Wie Halleck sagt: "Man muss bedenken, dass die meisten unserer Begriffe während unseres ganzen Lebens Veränderungen unterliegen; dass sie zunächst nur zaghaft gemacht werden; dass die Erfahrung uns jederzeit zeigen kann, dass sie falsch gebildet wurden, dass wir zu wenig oder zu viel abstrahiert haben, die Klasse zu breit oder zu schmal gemacht haben, oder dass hier eine Qualität hinzugefügt oder dort eine weggenommen werden muss.

Es ist eine gute Praxis, von allem, was man vielleicht hört, von dem man aber nichts weiß, ein Memorandum zu machen, und dann später eine kurze, aber gründliche Untersuchung der Sache mithilfe des Wörterbuchs und der Enzyklopädie zu machen, und von allen guten Werken, die man zu diesem Thema erhalten kann, und damit nicht aufzuhören, bis man das Gefühl hat, wenigstens eine klare Vorstellung davon zu haben, was die Sache wirklich bedeutet. Eine halbe Stunde jeden Abend, die man einer solchen Übung widmet, wird zu einer wunderbaren Steigerung der allgemeinen Information führen. Wir haben von einem Mann gehört, der es sich zur Gewohnheit gemacht hat, jeden Abend einen kurzen Artikel in der Enzyklopädie zu lesen, wobei er allgemein als vertraut eingestufte Themen bevorzugt hat. In einem Jahr machte er einen merklichen Fortschritt im Allgemeinwissen und in den Denkgewohnheiten. In fünf Jahren wurde er von seinen Mitarbeitern als ein Mann mit einem bemerkenswert großen Allgemeinwissen und mit mehr als gewöhnlicher Intelligenz angesehen, was ein gerechtes Urteil war. In der Regel vergeuden wir viel mehr Zeit mit wertloser Fiktion, als wir bereit sind, uns mit einer solchen kleinen Selbstverbesserung zu beschäftigen. Wir schrecken vor der Idee eines allgemeinen Kurses für lehrreiche Lektüre zurück, wobei wir kaum erkennen, dass wir unser Studium in kleinen Raten und mit sehr geringem Zeit- und Arbeitsaufwand absolvieren können.

Unsere Konzepte bilden das Material, das unser Intellekt in seinen Denkprozessen verwendet. Egal wie gut ein Vernunftbegabter auch sein mag, wenn er nicht über einen guten Vorrat an Allgemeinwissen über die Dinge, über die er denkt, verfügt, wird er nicht wirklich vorankommen. Wir müssen ganz unten anfangen und eine feste Grundlage schaffen, auf der die intellektuelle Struktur aufgebaut werden kann. Dieses Fundament besteht aus Fakten. Diese Tatsachen werden durch unsere klaren und korrekten Konzepte dargestellt.

XXIII. Die Urteile.

Wir haben die verschiedenen Schritte des geistigen Prozesses gesehen, bei denen einfache Empfindungen in Wahrnehmungen und dann in Konzepte oder allgemeine Ideen umgewandelt werden. Die Bildung des Konzeptes wird als der erste große Schritt des Denkens betrachtet. Der zweite große Schritt des Denkens ist der der Bildung des "Urteils". Die Definition des "Urteils", wie der Begriff in der Logik verwendet wird, ist "der Vergleich zweier Vorstellungen von Dingen im Geiste und die Bestimmung, ob sie miteinander übereinstimmen oder nicht, oder ob eine von ihnen zur anderen gehört oder nicht. Das Urteil ist daher (a) positiv oder (b) negativ, wie (a) 'Schnee ist weiß' oder (b) 'Alle weißen Männer sind keine Europäer'.

Was in der Logik als "Satz" bezeichnet wird, ist der wortmäßige Ausdruck eines logischen Urteils in Worten. Hyslop definierte den Begriff "Satz" wie folgt: "Jede Bejahung oder Verneinung einer Übereinstimmung zwischen zwei Konzeptionen." Zum Beispiel vergleichen wir die Begriffe "Spatz" und "Vogel" und stellen fest, dass es eine Übereinstimmung gibt und dass Ersterer zu Letzterem gehört; dieser geistige Prozess ist ein Urteil. Das Urteil verkünden wir dann im Satz: "Der Spatz ist ein Vogel." In gleicher Weise vergleichen wir die Begriffe "Fledermaus" und "Vogel", stellen fest, dass es eine Meinungsverschiedenheit gibt, und bilden das Urteil, dass keiner der beiden zum anderen gehört, was wir im Satz zum Ausdruck bringen: "Die Fledermaus ist kein Vogel." Oder wir können das Urteil bilden, dass "Süße" eine Eigenschaft von "Zucker" ist, was wir im Satz ausdrücken: "Zucker ist süß." Genauso können wir das Urteil bilden, das in dem Satz resultiert: "Essig ist nicht süß."

Während der Prozess des Urteils im Allgemeinen als der zweite große Schritt des Denkens angesehen wird, der nach der Bildung des Begriffs kommt und aus dem Vergleich der Begriffe besteht, muss daran erinnert werden, dass der Akt des Urteils weitaus elementarer ist, als dieser, denn er findet sich noch weiter zurück in der Geschichte der Denkprozesse. Durch jenes eigentümliche Gesetz des Paradoxons, das wir überall in den Denkprozessen wirksam finden, ist derselbe Prozess der Urteilsbildung, der beim Vergleich von Begriffen verwendet wird, auch bei der Bildung derselben Begriffe im

Stadium des Vergleichs verwendet worden. Tatsächlich muss das Ergebnis jedes Vergleichs, ob hoch oder niedrig, ein Urteil sein.

Halleck sagt: "Das Urteil ist notwendig, um Konzepte zu bilden. Wenn wir entscheiden, dass eine Qualität einer Klasse gemeinsam ist oder nicht, dann sind wir wirklich urteilend. Das ist ein weiterer Beweis für die Komplexität und die einheitliche Handlung des Geistes." Brooks sagt: "Die Urteilskraft ist von großem Wert in seinen Ergebnissen. Sie ist an jedem Akt des Intellekts beteiligt oder begleitet ihn und liegt somit der gesamten intellektuellen Tätigkeit zugrunde. Sie wirkt direkt in jedem Akt des Verstandes und unterstützt sogar die anderen Fähigkeiten des Verstandes bei der Vervollständigung ihrer Aktivitäten und Ergebnisse.

* * * *

Streng genommen wird jede intelligente Handlung des Verstandes von einem Urteil begleitet. Zu wissen bedeutet zu unterscheiden und daher zu urteilen. Jede Empfindung oder Erkenntnis beinhaltet ein Wissen und damit ein Urteil, dass es existiert. Der Verstand kann überhaupt nicht denken, ohne zu urteilen; denken heißt urteilen. Selbst bei der Bildung der Begriffe, die das Urteil vergleicht, urteilt der Verstand. Jeder Begriff oder jedes Konzept impliziert einen vorhergegangenen Urteilsakt, um daraus den Begriff zu bilden; bei der Bildung eines Konzepts vergleichen wir die gemeinsamen Eigenschaften, bevor wir sie vereinen, und Vergleichen ist Urteilen. Es ist also wahr, dass 'jedes Konzept ein zusammengezogenes Urteil ist; jedes Urteil ein erweitertes Konzept'.

Es ist unnötig zu sagen, dass, nachdem die Urteile an der Basis unseres Denkens liegen und auch in jedem Teil der höheren Struktur erscheinen, die Bedeutung des richtigen Urteils im Denken nicht überschätzt werden kann. Aber es ist oft sehr schwierig, sich ein richtiges Urteil auch über die vertrautesten Dinge um uns herum zu bilden. Halleck sagt: "Im wirklichen Leben präsentieren sich uns die Dinge mit Eigenschaften, die durch andere widersprüchliche Eigenschaften verschleiert oder verdeckt werden. Die Menschen hatten seit Ewigkeiten brennbare Substanzen wahrgenommen und sich eine Vorstellung von ihnen gemacht. Eine bestimmte harte, schwarze, steinige Substanz war oft bemerkt worden, und daraus war ein Begriff gebildet worden. Dieser Begriff war unvollkommen; aber es ist sehr selten, daß wir im wirklichen Leben auf perfekte, scharf umrissene

Begriffe treffen. So geschah es, daß der Begriff der brennbaren Substanz über Jahrhunderte hinweg nie mit dem Begriff der Steinkohle in Verbindung gebracht wurde. Die Brennbarkeit der Kohle wurde von ihren steinernen Eigenschaften überschattet. 'Natürlich wird Stein nicht brennen', sagten die Leute. Man kann nicht sagen, wie lange die Entwicklung der Menschheit genau aus diesem Grund verzögert wurde. England würde heute keine Produkte für den Rest der Welt herstellen, wenn nicht jemand die Kohle als brennbare Substanz eingestuft hätte.

* * * *

Das Urteil arbeitet immer im Stillen und vergleicht Dinge, die in vergangenen Zeiten unähnlich schienen; und es abstrahiert ständig und lässt jene Qualitäten aus dem Blickfeld, die einfach dazu gedient haben, den fraglichen Punkt zu verschleiern."

Gordy sagt: "Die Leichtgläubigkeit von Kindern ist sprichwörtlich; aber wenn wir unsere Fakten aus erster Hand bekommen, wenn wir 'das lebende, lernende, spielende Kind' studieren, werden wir sehen, dass er für seine Ungläubigkeit ebenso erstaunlich ist wie für seine Leichtgläubigkeit. Die Erklärung ist einfach: Es neigt dazu, die erste Andeutung, die ihm in den Sinn kommt, zu glauben, egal aus welcher Quelle; und da sein Glaube nicht das Ergebnis eines rationalen Prozesses ist, kann man es nicht auf irgendeine rationale Weise zum Zweifeln bringen. Darum ist der Mensch sehr leichtgläubig bei jeder Sache, von der er keine Ideen hat; aber wenn die Idee einmal von seinem Verstand Besitz ergriffen hat, so ist er für die Ungläubigkeit ebenso bemerkenswert wie zuvor für die Leichtgläubigkeit.

* * * *

Wenn wir das größere Kind studieren,-den Mann mit dem Verstand eines Kindes, einen ungebildeten Mann,-wir werden dieselbe Wahrheit aufgedrängt bekommen. Wäre der Glaube der Menschen auf Prozesse der Schlussfolgerung zurückzuführen, würden sie nicht glauben, wenn sie keine Schlussfolgerung haben. Aber empfinden wir das so? Ist es nicht wahr, dass die Menschen, die die positivste Meinung über die größte Vielfalt von Themen haben - soweit sie je von ihnen gehört haben - gerade diejenigen sind, die das geringste Recht hierzu haben? Sokrates wurde, wie wir uns erinnern, in Athen zum weisesten Mann gezählt, weil er allein seiner natürlichen Neigung widerstand, ohne Beweise zu glauben; er allein würde sich ohne die Realität nicht mit der Einbildung des Wissens belügen; und es wäre wohl kaum zu viel zu sagen, dass die intellektuelle Kraft der Menschen in direktem Verhältnis zu der Anzahl der Dinge steht, deren sie sich absolut sicher sind.

* * * *

Ich will natürlich nicht andeuten, daß wir keine Meinung zu Dingen haben sollten, die wir nicht persönlich untersucht haben. Wir nehmen die Meinung einiger Menschen über das Recht, andere über die Medizin, wieder andere über bestimmte Wissenschaften usw. an und sollten sie auch annehmen. Aber wir sollten den Unterschied zwischen einer Meinung über die Vertrauenswürdigkeit und dem Ergebnis unserer eigenen Untersuchungen klar erkennen."

Brooks sagt: "Es sollte eines der führenden Objekte der Kultur junger Menschen sein, sie dazu zu bringen, sich die Gewohnheit anzueignen, Urteile zu fällen. Sie sollen nicht nur dazu gebracht werden, Dinge zu sehen, sondern auch dazu, Meinungen über Dinge zu haben. Sie sollen dazu ausgebildet werden, die Dinge in ihren Beziehungen zu sehen und diese Beziehungen in konkrete Aussagen zu fassen. Ihre Vorstellungen von Dingen sollten in Gedanken über die Dinge umgewandelt werden. Am besten sind jene Lehrmethoden, die dazu neigen, eine nachdenkliche Gewohnheit des Geistes zu erregen, der die Ähnlichkeiten und Verschiedenheiten der Dinge bemerkt und sich bemüht, die Ideen zu erkennen, die sie verkörpern und deren Symbole sie sind".

Das Studium der Logik, der Geometrie und der Naturwissenschaften wird für die Ausübung des Urteilsvermögens und dessen Entwicklung empfohlen. Auch das Studium und die Praxis selbst der kleineren Zweige der Mathematik sind in dieser Richtung hilfreich. Das Dame- oder Schachspiel werden von vielen Stellen empfohlen. Einige haben sich für die Übungspraxis des Lösens von Rätseln, Problemen, Bilderrätseln usw. ausgesprochen, um dieses Geistesvermögen zu trainieren. Die Kultivierung der "Warum?"-Haltung des Geistes und die Beantwortung der eigenen geistigen Fragen ist ebenfalls hilfreich, wenn sie nicht zum Exzess betrieben wird. "Der ungläubige Thomas" ist nicht immer ein Vorwurf in der heutigen Zeit der wissenschaftlichen Denkgewohnheiten, und "der Mensch von Missouri" hat viele große Bewunderer.

XXIV. Primäre Gesetze des Denkens.

Im Zusammenhang mit diesem Thema machen wir den Lernenden auf die bekannten primären Denkgesetze aufmerksam, die seit der Zeit der altgriechischen Logiker als gültig anerkannt wurden. Diese Gesetze sind selbstverständlich und unbestreitbar. Sie sind axiomatisch. Jevons sagt über sie: "Die Studenten sind selten in der Lage, ihre volle Bedeutung und Wichtigkeit zu erkennen. Alle Argumente können erklärt werden, wenn diese selbstverständlichen Gesetze anerkannt werden; und es ist nicht zu viel gesagt, dass die ganze Logik denen klar sein wird, die diese Gesetze ständig als ihren Maßstab benutzen. Hier sind die drei primären Gesetze des Denkens:-

I. Gesetz der Identität. "Was auch immer es ist, ist."

II. Gesetz des Widerspruchs. "Nichts kann beides, sein und nicht sein."

III. Gesetz der ausgeschlossenen Mitte. "Alles muss entweder sein oder nicht sein, es gibt keinen Mittelweg."

I. Das erste dieser Gesetze, das "Gesetz der Identität" genannt wird, informiert uns, dass ein Ding immer es selbst ist, egal, unter welcher Gestalt oder Form es wahrgenommen wird oder sich darstellen kann. Ein Tier ist immer ein Vogel, wenn es die allgemeinen Merkmale eines "Vogels" besitzt, egal ob es die geringfügigen Merkmale eines Adlers, eines Zaunkönigs, eines Storches oder eines Kolibris aufweist. Genauso ist ein Wal ein Säugetier, weil er die allgemeinen Merkmale eines Säugetiers besitzt, obwohl er wie ein Fisch im Wasser schwimmt. Außerdem ist Süße immer Süße, egal ob sie sich in Zucker, Honig, Blumen oder Produkten aus Kohlenteer äußert. Wenn ein Ding dieses Ding ist, dann ist es das, und es kann nicht logisch behauptet werden, dass es das nicht ist.

II. Das zweite dieser Gesetze, das "Gesetz des Widerspruchs" genannt wird, informiert uns, dass die gleiche Qualität oder Klasse einer Sache zur gleichen Zeit und am gleichen Ort nicht sowohl bejaht als auch verneint werden kann. Man kann nicht sagen, dass ein Spatz gleichzeitig "Vogel" und "nicht Vogel" ist. Man kann auch nicht sagen, dass Zucker gleichzeitig "süß" und "nicht süß" ist. Ein Stück Eisen kann an einem Ende "heiß" und am anderen Ende "nicht heiß" sein, aber es kann nicht gleichzeitig "heiß" und "nicht heiß" am selben Ort sein.

III. Das dritte dieser Gesetze, genannt "Das Gesetz der ausgeschlossenen Mitte", informiert uns, dass eine bestimmte Qualität oder Klasse zu jeder Zeit und an jedem Ort bestätigt oder verweigert werden muss. Alles muss entweder einer bestimmten Klasse angehören oder nicht, muss eine bestimmte Eigenschaft besitzen oder nicht, zu einer bestimmten Zeit und an einem bestimmten Ort. Es gibt keine andere Alternative oder einen Mittelweg. Es ist axiomatisch, dass jede Aussage für eine bestimmte andere Sache zu einer bestimmten Zeit und an einem bestimmten Ort entweder wahr sein muss oder nicht; es gibt kein Entkommen daraus. Alles muss entweder "schwarz" oder "nicht schwarz" sein, ein Vogel oder nicht ein Vogel, lebendig oder nicht lebendig, zu einer bestimmten Zeit und an einem bestimmten Ort. Es kann nichts anderes sein; es kann nicht beides sein und nicht zur gleichen Zeit und am gleichen Ort, wie wir gesehen haben; deshalb muss es entweder das sein oder nicht das sein, was von ihm behauptet wird. Das Gericht muss entscheiden, welche Alternative es wählt; aber es hat nur zwei Möglichkeiten.

Aber der Lernende darf nicht gegensätzliche Qualitäten oder Dinge mit "Nicht-Nicht-Sein" verwechseln. Ein Ding kann "schwarz" oder "nicht schwarz" sein, aber es muss nicht weiß sein, um "nicht schwarz" zu sein, denn blau ist ebenso "nicht schwarz" wie "nicht weiß". Die Vernachlässigung dieser Tatsache verursacht häufig Fehler. Wir müssen immer entweder die Existenz oder die Nicht-Existenz einer Eigenschaft in einer Sache bejahen; aber dies ist völlig anders als die Existenz der entgegengesetzten Eigenschaft zu bejahen oder zu verneinen. So kann eine Sache "nicht hart" sein, und doch folgt daraus nicht, dass sie "weich" ist; sie kann weder hart noch weich sein.

TRÜGERISCHE ANWENDUNG.

Es gibt so genannte "Trugschlüsse" bei der Anwendung dieser primären Gesetze. Ein Trugschluss ist ein nicht stichhaltiges Argument oder Schlussfolgerung. Zum Beispiel, weil ein bestimmter Mensch für einen Lügner befunden wird, ist es trügerisch anzunehmen, daß "alle Menschen Lügner sind", denn Lügen ist eine besondere Eigenschaft des einzelnen Menschen und nicht eine allgemeine Eigenschaft der Menschheitsfamilie. Genauso wie ein Storch lange Beine und einen langen Schnabel hat, folgt daraus nicht, dass alle Vögel diese Eigenschaften haben müssen, nur weil der Storch ein Vogel ist. Es ist trügerisch, eine individuelle Eigenschaft auf eine Klasse auszudehnen. Aber es ist ein vernünftiges Urteilsvermögen, anzunehmen, dass eine Klassenqualität bei allen Individuen in dieser Klasse vorhanden sein muss. Es ist eine ganz andere Aussage, wenn man behauptet, dass "einige Vögel schwarz sind", als wenn man behauptet, dass "alle Vögel schwarz sind". Dieselbe Regel gilt natürlich auch für negative Sätze.

Ein weiterer Trugschluss ist der, der davon ausgeht, dass, weil der positive oder negative Satz nicht bewiesen wurde oder nicht bewiesen werden kann, der gegenteilige Satz wahr sein muss. Das wahre Urteil ist einfach "nicht bewiesen".

Ein weiteres trügerisches Urteil ist das, das darauf beruht, dem, was nur relativ oder vergleichend ist, absolute Qualität zuzuschreiben. Zum Beispiel sind die Begriffe "heiß" und "kalt" relativ und vergleichend und bezeichnen einfach die relative Meinung über ein bestimmtes Maß an Temperatur. Das Bestimmte ist der Grad der Temperatur, sagen wir 75 Grad Fahrenheit; davon können wir logischerweise behaupten, dass es zu einer bestimmten Zeit oder an einem bestimmten Ort wahr ist oder nicht wahr ist. Entweder ist es 75 Grad Fahrenheit oder nicht. Aber dem einen mag das warm und dem anderen kalt erscheinen; beide haben recht in ihrem Urteil, was ihre eigenen relativen Gefühle betrifft. Aber keiner von beiden kann absolut behaupten, dass es warm oder kalt ist. Deshalb ist es ein Trugschluss, einem relativen Gefühl absolute Qualität zuzuschreiben. Die absolute Tatsache fällt unter das Gesetz der ausgeschlossenen Mitte, aber eine persönliche Meinung ist keine absolute Tatsache.

Es gibt andere Trugschlüsse, die in anderen Kapiteln dieses Buches unter der entsprechenden Überschrift betrachtet werden.

XXV. Die Argumentation.

Argumentation ist der dritte große Schritt des Denkens; man kann sagen, dass er darin besteht, neue Wahrheiten aus alten, neue Urteile aus alten, unbekannte Tatsachen aus bekannten zu ermitteln; kurz gesagt, logisch vom Bekannten zum Unbekannten zu gehen, indem man das Bekannte als Grundlage für das Unbekannte benutzt, das man zu erfahren sucht. Gordy gibt uns die folgende hervorragende Definition des Begriffs: "Vernunft ist der Akt, durch verschiedene Überzeugungen vom Bekannten zum Unbekannten zu kommen; das Urteil auf Urteile zu stützen; Überzeugungen durch Überzeugungen zu erreichen." Vernunft ist also ein Prozess des Aufbaus eines Gefüges von Urteilen, wobei eines auf dem anderen ruht und der oberste Punkt das endgültige Urteil ist, das Ganze aber ein Gebäude des Urteils darstellt. Dies wird deutlicher, wenn man die verschiedenen Formen des Denkens betrachtet.

Unmittelbare Argumentation.

Die einfachste Form der Argumentation ist die so genannte "unmittelbare Argumentation", mit der die Argumentation durch den direkten Vergleich zweier Urteile ohne das Einschalten eines dritten Urteils gemeint ist, das sich in den formalen Kategorien der Argumentation findet. Diese Form der Argumentation hängt weitgehend von der Anwendung der drei primären Denkgesetze ab, auf die wir in einem vorhergehenden Kapitel hingewiesen haben.

Man wird sehen, dass, wenn (a) eine Sache immer sie selbst ist, dann (b) alles, was in ihr enthalten ist, an ihrer Art teilhaben muss. Die Vogelfamilie hat also bestimmte Klassenmerkmale, so daß wir durch unmittelbare Überlegung wissen, daß jedes Mitglied dieser Familie diese Klassenmerkmale besitzen muß, welche besonderen Merkmale es auch immer zusätzlich haben mag. Und wir wissen auch, daß wir die besonderen Merkmale nicht selbstverständlich den anderen Mitgliedern der Klasse zuschreiben können. Obwohl also alle Spatzen Vögel sind, ist es nicht wahr, daß alle Vögel Spatzen sind. "Alle Kekse sind Brot, aber nicht jedes Brot ist ein Keks."

Genauso wissen wir, dass ein Ding nicht gleichzeitig Vogel und Säugetier sein kann, denn die Säugetiere bilden eine Nicht-Vogelfamilie. Und ebenso wissen wir, dass alles entweder Vogel oder nicht Vogel sein muss, aber dass nicht Vogel zu sein nicht bedeutet, ein Säugetier zu sein, denn es gibt viele andere Nicht-Vogel-Dinge als Säugetiere. In dieser Form der Argumentation wird immer zwischen der universellen oder allgemeinen Klasse, die durch das Wort "alle" ausgedrückt wird, und der besonderen oder individuellen, die durch das Wort "einige" ausgedrückt wird, unterschieden. Viele Menschen versäumen es, diesen Unterschied in ihrer Argumentation zu beachten, und denken z.B. fälschlicherweise, dass, weil einige Schwäne weiß sind, alle Schwäne so sein müssen, was sich weit von der Argumentation unterscheidet, dass, wenn alles so und so ist, dann einige so und so sein müssen. Diejenigen, die sich für dieses Thema interessieren, werden auf ein elementares Lehrbuch der Logik verwiesen, da die detaillierte Betrachtung zu technisch ist, um sie hier zu berücksichtigen.

ARGUMENTATION DURCH ANALOGIE.

Das Denken in Analogien ist eine elementare Form des Denkens, und es ist die besondere Art des Denkens, die von der Mehrheit der Personen im gewöhnlichen Denken verwendet wird. Es basiert auf der unbewussten Anerkennung des Prinzips durch den menschlichen Geist, das von Jevons folgendermaßen ausgedrückt wird: "Wenn zwei oder mehr Dinge einander in vielen Punkten ähneln, werden sie sich wahrscheinlich in mehr Punkten ähneln." Dieselbe Autorität sagt: "Die Argumentation durch Analogie unterscheidet sich nur im Grad von der Art der Argumentation, die 'Verallgemeinerung' genannt wird. Wenn sich viele Dinge in einigen wenigen Eigenschaften ähneln, sprechen wir über sie mittels Verallgemeinerung. Wenn sich wenige Dinge in vielen Eigenschaften ähneln, ist es ein Fall von Analogie."

Diese Form der Argumentation wird zwar häufig mit mehr oder weniger zufriedenstellenden Ergebnissen eingesetzt, ist aber immer mit einem hohen Fehleranteil behaftet. So sind Personen durch Fliegenpilze vergiftet worden, weil man fälschlicherweise analog argumentierte, dass Pilze essbar seien, so müssten Fliegenpilze, die den Pilzen ähneln, auch zur Nahrung geeignet sein; oder aber, weil bestimmte Beeren anderen essbaren Beeren ähneln, müssten sie ebenfalls gute Nahrung sein. Wie Brooks sagt: "Daraus zu schließen, weil John Smith eine rote Nase hat und außerdem ein Trunkenbold ist, dass Henry Jones, der ebenfalls eine rote Nase hat, ebenfalls ein Trunkenbold ist, wäre eine gefährliche Schlussfolgerung. Solche Schlussfolgerungen, die aus der Analogie gezogen werden, sind häufig gefährlich." Halleck sagt: "Es werden viele falsche Analogien hergestellt, und es ist ein hervorragendes Denktraining, sie aufzudecken. Die Mehrheit der Menschen denkt so wenig, dass sie diese falschen Analogien genauso schlucken wie neugeborene Rotkehlchen kleine Steine, die ihnen in den Mund fallen."

Jevons, eine der besten Autoritäten auf diesem Gebiet, sagt: "Es gibt keinen Weg, wie wir uns wirklich versichern können, dass wir sicher durch Analogien argumentieren. Die einzige Regel, die gegeben werden kann, ist folgende: Je ähnlicher zwei Dinge einander sind, desto wahrscheinlicher ist es (aber keinesfalls sicher), dass sie in anderer Hinsicht gleich sind, besonders in Punkten, die eng mit den beobachteten zusammenhängen. Um uns über unsere Schlussfolgerungen klar zu werden, sollten wir uns in der Tat niemals mit der bloßen Analogie zufriedengeben, sondern versuchen, die allgemeinen Gesetze zu entdecken, die den Fall regeln.

* * *

Wir finden, dass man sich nicht auf das Analogieschlussfolgern verlassen darf, es sei denn, wir untersuchen die Ursachen und Gesetze der fraglichen Dinge so sehr, dass wir wirklich induktives und deduktives Denken betreiben".

Höhere Formen des Denkens.

Die beiden höheren Formen des Denkens sind bekannt als (1) induktives Denken oder Schlussfolgerung von bestimmten Fakten auf allgemeine Gesetze; und (2) deduktives Denken oder Schlussfolgerung von allgemeinen Wahrheiten auf bestimmte Wahrheiten. Während die Klassenunterscheidung zum Zweck einer klaren Abwägung vorgenommen wird, darf nicht vergessen werden, dass die beiden Formen der Argumentation im Allgemeinen in Kombination gefunden werden. So werden beim induktiven Denken viele Schritte mithilfe des deduktiven Denkens unternommen; und ebenso müssen wir, bevor wir von allgemeinen Wahrheiten zu besonderen Wahrheiten

deduktiv folgern können, die allgemeinen Wahrheiten durch induktives Denken aus besonderen Fakten entdeckt haben. So gibt es eine
Einheit in allen Schlussfolgerungsprozessen wie in allen geistigen
Operationen. Induktives Denken ist ein synthetischer Prozess; deduktives Denken ein analytischer. Im ersten Fall kombinieren und
bauen wir auf, im zweiten Fall sezieren und trennen wir.

XXVI. Induktives Denken.

Die INDUKTIVE Argumentation basiert auf dem Axiom: "Was für viele zutrifft, gilt für das Ganze". Dieses Axiom basiert auf dem Glauben des Menschen an die Einheitlichkeit der Natur. Das induktive Denken ist eine mentale Leiter, auf der wir von bestimmten Tatsachen zu allgemeinen Gesetzen aufsteigen, allerdings beruht die Leiter auf dem Glauben, dass das Universum von Gesetzen regiert wird.

Die Stufen des induktiven Denkens sind wie folgt: -

I. Beobachtung, Untersuchung und Prüfung bestimmter Tatsachen oder Dinge. Wenn wir die allgemeinen Merkmale der Vogelfamilie kennen wollen, müssen wir zunächst eine ausreichende Anzahl von Vögeln vieler Arten untersuchen, um die vergleichsweise wenigen allgemeinen Merkmale zu entdecken, die die gesamte Vogelfamilie besitzt, im Gegensatz zu den besonderen Merkmalen, die nur ein Teil dieser Familie besitzt. Je größer die Zahl der untersuchten Individuen ist, desto enger wird unsere Liste der allgemeinen Eigenschaften, die allen gemeinsam sind. In gleicher Weise müssen wir viele Blumenarten untersuchen, bevor wir zu den wenigen allgemeinen Eigenschaften kommen, die allen Blumen gemeinsam sind und die wir in dem allgemeinen Begriff "Blume" zusammenfassen. Dasselbe gilt natürlich auch für die Entdeckung allgemeiner Gesetze aus bestimmten Tatsachen. Wir untersuchen die Tatsachen und arbeiten dann auf ein allgemeines Gesetz hin, das sie erklären wird. Zum Beispiel wurde das Gesetz der Gravitation durch die Beobachtung und Untersuchung der Tatsache entdeckt, dass alle Objekte von der Erde angezogen werden; weitere Untersuchungen ergaben, dass alle materiellen Objekte voneinander angezogen werden; dann wurde das allgemeine Gesetz entdeckt, oder besser gesagt, die Hypothese wurde aufgestellt, die die Fakten erklärt und durch weitere Experimente und Beobachtungen verifiziert.

II. Der zweite Schritt des induktiven Denkens ist die Aufstellung einer Hypothese. Eine Hypothese ist eine Aussage oder ein Prinzip, das als mögliche Erklärung für eine Menge oder Klasse von Fakten angenommen wird. Sie wird als "Arbeitstheorie" betrachtet, die vor ihrer endgültigen Annahme im Zusammenhang mit den Fakten untersucht und getestet werden muss. Zum Beispiel wurde nach der Beobachtung, dass eine Reihe von Magneten Stahl anziehen, die Hypothese, dass "alle Magnete Stahl anziehen", für vernünftig befunden. Auf die gleiche Weise wurde die Hypothese aufgestellt, dass "alle Vögel warmblütige, geflügelte, gefiederte, oviparöse Wirbeltiere sind". Nachfolgende Beobachtungen und Experimente stellten die Hypothese bezüglich des Magneten und der allgemeinen Eigenschaften der Vogelfamilie auf. *Hätte man einen einzigen Magneten gefunden, der keinen Stahl anzog, wäre die Hypothese gefallen.* Wäre ein einziger Vogel entdeckt worden, der nicht warmblütig war, dann wäre diese Eigenschaft von der Liste der notwendigen Eigenschaften aller Vögel gestrichen worden.

Eine Theorie ist lediglich eine Hypothese, die durch fortgesetzte und wiederholte Beobachtungen, Untersuchungen und Experimente verifiziert oder aufgestellt wurde.

Hypothesen und Theorien entstehen sehr häufig aus der unbewussten Assimilation einer Reihe von bestimmten Fakten und dem daraus folgenden Aufblitzen einer "großen Vermutung" oder eines "heiligen Verdachts auf die Wahrheit" in das bewusste Feld der Aufmerksamkeit. Die wissenschaftliche Vorstellungskraft spielt dabei eine wichtige Rolle. Es gibt natürlich einen großen Unterschied zwischen einer "blinden Vermutung", die auf unzureichenden Daten beruht, und einer "wissenschaftlichen Vermutung", die aus der Anhäufung eines riesigen Vorrats an sorgfältigen und genauen Informationen resultiert. Wie Brooks sagt: "Die Bildung einer Hypothese erfordert einen suggestiven Verstand, eine lebhafte Fantasie, eine philosophische Vorstellungskraft, die einen Blick auf die Idee durch die Form erhascht oder das Gesetz hinter der Tatsache sieht. Aber akzeptierte Theorien entstehen in den meisten Fällen nur, indem man viele vielversprechende Hypothesen ausprobiert und ablehnt und sich schließlich auf diejenige festlegt, die alle Anforderungen am besten erfüllt und die Fakten am besten erklärt. Wie eine Autorität sagt: "Falsches auszuprobieren ist bei den meisten Menschen die einzige Möglichkeit, auf die richtige zu stoßen."

III. Das Testen der Hypothese durch deduktives Denken ist der dritte Schritt des induktiven Denkens. Diese Prüfung erfolgt durch die Anwendung des hypothetischen Prinzips auf bestimmte Tatsachen oder Dinge, d.h. das hypothetische Prinzip mental bis zu seiner logischen Schlussfolgerung zu verfolgen. Dies kann auf diese

Weise geschehen: "Wenn so und so richtig ist, dann folgt daraus, dass so und so wahr ist," usw. Stimmt die Schlussfolgerung mit der Vernunft überein, so gilt der Test als zufriedenstellend, so weit er gegangen ist. Erweist sich das Ergebnis jedoch als logische Absurdität oder als mit den natürlichen Gegebenheiten unvereinbar, dann ist die Hypothese falsch.

IV. Die praktische Überprüfung der Hypothese ist der vierte Schritt des induktiven Denkens. Dieser Schritt besteht aus dem eigentlichen Vergleich der beobachteten Fakten mit den "logischen Schlussfolgerungen", die sich aus der Anwendung der deduktiven Argumentation auf das als Prämisse angenommene allgemeine Prinzip ergeben. Je mehr Fakten mit den Schlussfolgerungen, die sich aus der Prämisse der Hypothese ergeben, übereinstimmen, desto größer ist die "Wahrscheinlichkeit" der Hypothese. Die Autoritäten gehen im Allgemeinen von einer zu verifizierenden Hypothese aus, wenn sie alle Tatsachen berücksichtigt, die mit ihr in Zusammenhang stehen. Einige Idealisten behaupten jedoch, dass eine Hypothese, bevor sie als absolut verifiziert betrachtet werden kann, nicht nur alle damit verbundenen Fakten berücksichtigen muss, sondern dass es auch keine andere mögliche Hypothese geben darf, die dieselben Fakten berücksichtigt. Die "Fakten", auf die in diesem Zusammenhang Bezug genommen wird, können entweder (1) beobachtete Phänomene sein, oder (2) die Schlussfolgerungen der deduktiven Argumentation, die sich aus der Annahme der Hypothese ergeben, oder (3) die Übereinstimmung zwischen den beobachteten Fakten und den logischen Schlussfolgerungen. Die letzte Kombination wird im Allgemeinen als die logischste angesehen. Die Überprüfung einer Hypothese muss "rundum" erfolgen, und es muss eine Übereinstimmung zwischen den beobachteten Fakten und den logischen Schlussfolgerungen im Einzelfall bestehen - die Hypothese muss zu den Fakten "passen", und die Fakten müssen zu der Hypothese "passen". Die "Fakten" sind der gläserne Schuh der Aschenputtel-Legende - die verschiedenen Schwestern des Aschenputtels wurden als Hypothesen verworfen, der Schuh und die Schwestern passten nicht "zusammen". Als sich herausstellte, dass Aschenputtels Fuß der einzige Fuß war, auf den der Glasschuh passte, galt die Hypothese des Aschenputtels als bewiesen - der Glasschuh gehörte ihr und der Prinz beanspruchte seine Braut.

XXVII. Deduktive Argumentation.

Wir haben im vorhergehenden Kapitel gesehen, dass wir aus bestimmten Tatsachen induktiv zu allgemeinen Prinzipien oder Wahrheiten schlussfolgern. Wir haben auch gesehen, dass einer der Schritte des induktiven Denkens die Prüfung der Hypothese durch deduktives Denken ist. Wir werden nun auch sehen, dass die Ergebnisse des induktiven Denkens als Prämissen oder Grundlagen für das deduktive Denken verwendet werden. Diese beiden Formen des logischen Denkens sind gegensätzlich und doch komplementär zueinander; sie sind in gewisser Weise unabhängig und doch voneinander abhängig. Brooks sagt: "Die beiden Argumentationsmethoden sind das Gegenteil voneinander. Die eine geht von den Einzelheiten zu den Allgemeinen, die andere von den Allgemeinen zu den Einzelheiten. Die eine ist ein Prozess der Analyse; die andere ist ein Prozess der Synthese. Die eine steigt von Fakten zu Gesetzen auf; die andere steigt von Gesetzen zu Fakten ab. Jede ist unabhängig von der anderen, und jede ist eine gültige und wesentliche Methode der Schlussfolgerung."

Halleck drückt den Geist des deduktiven Denkens folgendermaßen gut aus: "Nachdem die Induktion bestimmte Phänomene klassifiziert und uns damit eine wichtige Prämisse gegeben hat, können wir deduktiv vorgehen, um die Schlussfolgerung auf jedes neue Objekt anzuwenden, von dem gezeigt werden kann, dass es zu dieser Klasse gehört. Die Induktion übergibt der Deduktion eine fertige Prämisse. Die Deduktion nimmt das als Tatsache an, ohne nach seiner Wahrheit zu fragen. Erst nach der Festlegung allgemeiner Gesetze, nach der Klassifizierung von Objekten, nach der Bildung von Hauptprämissen kann die Deduktion angewendet werden."

Die deduktive Argumentation geht von allgemeinen Prinzipien zu besonderen Fakten. Es ist ein absteigender Prozess, analytischer Natur. Sie beruht auf der grundlegenden axiomatischen Grundlage, dass "was für das Ganze gilt, gilt auch für seine Teile" oder "was für das Universelle gilt, gilt auch für das Einzelne".

Der Prozess des deduktiven Denkens kann kurz wie folgt beschrieben werden: (1) Ein allgemeines Prinzip einer Klasse wird als Hauptprämisse angegeben; (2) eine bestimmte Sache wird als zu dieser allgemeinen Klasse gehörend angegeben, wobei diese Angabe die Nebenprämisse ist; daher (3) wird das allgemeine Klassenprinzip als auf die bestimmte Sache anwendbar angesehen, wobei diese letzte Angabe die Schlussfolgerung ist. (Eine "Prämisse" ist "ein als wahr angenommener Satz").

Das Folgende gibt uns eine Illustration des obigen Prozesses: -

I. (Hauptprämisse) - Ein Vogel ist ein warmblütiges, gefiedertes, geflügeltes, oviparöses Wirbeltier.

II. (Kleine Prämisse)-Der Spatz ist ein Vogel; deshalb ...

III. (Schlussfolgerung) - Der Spatz ist ein warmblütiges, gefiedertes, geflügeltes, ovipares Wirbeltier.

Oder, noch einmal:-

I. (Hauptprämisse) - Klapperschlangen beißen häufig zu, wenn sie wütend sind, und ihr Biss ist giftig.

II. (Kleine Prämisse) - Die Schlange vor mir ist eine Klapperschlange; deshalb ...

III. (Schlussfolgerung) - Die Schlange vor mir kann beißen, wenn sie wütend ist, und ihr Biss wird giftig sein.

Der Durchschnittsmensch mag geneigt sein, zu beanstanden, dass er sich nicht bewusst ist, diesen komplizierten Prozess zu durchlaufen, wenn er über Spatzen oder Klapperschlangen nachdenkt. Aber er tut es trotzdem. Er ist sich der Schritte nicht bewusst, weil ihn die mentale Gewohnheit an den Prozess gewöhnt hat, und er wird mehr oder weniger automatisch durchgeführt. Aber diese drei Schritte manifestieren sich in allen Prozessen des schlussfolgernden Denkens, selbst in den einfachsten. Der Durchschnittsmensch ist wie der Protagonist in einem französischen Theaterstück, der überrascht war, als er erfuhr, dass er "vierzig Jahre lang Prosa gesprochen hatte, ohne es zu wissen". Jevons sagt, dass die Mehrheit der Personen ebenso überrascht ist, wenn sie herausfindet, dass sie mehr oder weniger korrekt logische Formen verwendet haben, ohne es bemerkt zu haben. Er sagt: "Eine große Zahl selbst gebildeter Personen hat keine klare Vorstellung davon, was Logik ist. Dennoch muss jeder in gewisser Weise ein Logiker gewesen sein, seit er zu sprechen begann".

Es gibt viele technische Regeln und Prinzipien der Logik, die wir hier nicht zu besprechen können. Es gibt jedoch einige elementare Prinzipien des richtigen Denkens, die hier ihren Platz haben sollen. Was als "Syllogismus" bezeichnet wird, ist der sprachliche Ausdruck der verschiedenen Teile des gesamten Denk- oder Argumentationsprozesses.

Whately definiert es wie folgt: "Ein Syllogismus ist ein Argument, das in streng logischer Form ausgedrückt wird, so dass seine Schlüssigkeit allein aus der Struktur des Ausspruchs ersichtlich ist, ohne Rücksicht auf die Bedeutung des Ausdrucks. Kurz gesagt, wenn die beiden Prämissen als richtig akzeptiert werden, folgt daraus, dass sich daraus nur eine wahre logische Schlussfolgerung ergeben kann. In der abstrakten oder theoretischen Argumentation wird angenommen, dass das Wort "wenn" jeder der beiden Prämissen vorausgeht, natürlich das "deshalb" vor der Schlussfolgerung, die sich aus dem "wenn" ergibt. Im folgenden sind die allgemeinen Regeln für den Syllogismus aufgeführt:-

I. Jeder Syllogismus muss aus drei und nicht mehr als drei Sätzen bestehen, nämlich (1) der Hauptprämisse, (2) der Nebenprämisse und (3) der Schlussfolgerung.

II. Die Schlussfolgerung muss natürlich aus den Prämissen folgen, sonst ist der Syllogismus ungültig und stellt einen Trugschluss oder Sophismus dar.

III. Eine Prämisse muss zumindest bejahend sein.

IV. Wenn eine Prämisse negativ ist, muss die Schlussfolgerung negativ sein.

V. Mindestens eine Prämisse muss universell oder allgemein sein.

VI. Ist eine Prämisse konkret, so muss auch die Schlussfolgerung konkret sein.

Die letzten beiden Regeln (V. und VI.) enthalten die wesentlichen Prinzipien aller Regeln bezüglich der Syllogismen, und jeder Syllogismus, der diese Regeln bricht, wird auch andere Regeln brechen, von denen einige hier aus dem Grund nicht angegeben werden, weil sie zu technisch sind. Diese beiden Regeln können durch die Konstruktion von Syllogismen, die ihre Prinzipien verletzen, getestet werden. Der Grund für sie ist folgender: (Regel V.) Weil "aus zwei bestimmten Prämissen keine Schlussfolgerung gezogen werden kann", wie z.B: (1) Manche Menschen sind sterblich; (2) Johannes ist ein Mensch. Daraus können wir auch nicht folgern, ob Johannes sterblich ist oder nicht. Die wichtigste Prämisse sollte lauten: "alle Menschen". (Regel VI.) Denn "eine universelle Schlussfolgerung kann nur aus zwei universellen Prämissen gezogen werden", wobei ein Beispiel hier unnötig ist, da die Schlussfolgerung so offensichtlich ist.

KULTIVIERUNG DES DENKVERMÖGENS.

Es gibt keinen königlichen Weg zur Kultivierung der Argumentationsfähigkeiten. Es gibt nur die altbekannte Regel: Üben, üben, anwenden. Dennoch gibt es bestimmte Studien, die dazu neigen, die betreffenden Fähigkeiten zu entwickeln. Das Studium der Arithmetik, insbesondere des Kopfrechnens, führt dazu, korrekte Gewohnheiten des Schlussfolgerns von einer Wahrheit zur anderen zu entwickeln - von der Ursache zur Wirkung. Noch besser ist das Studium der Geometrie; und am besten ist natürlich das Studium der Logik und die Praxis der Ausarbeitung ihrer Probleme und Beispiele. Auch das Studium der Philosophie und der Psychologie ist auf diese Weise nützlich. Viele Juristen und Lehrer haben sich in der Geometrie geübt, nur um ihre logischen Schlussfolgerungen zu entwickeln.

Brooks sagt: "Die Geometrie als Disziplin ist so wertvoll, dass viele Juristen und andere ihre geometrischen Kenntnisse jedes Jahr überprüfen, um den Geist mit logischen Denkgewohnheiten zu trainieren.

* * *

Das Studium der Logik wird bei der Entwicklung der Kraft des deduktiven Denkens helfen. Sie tut dies zunächst, indem sie die Methode zeigt, mit der wir schlussfolgern. Zu wissen, wie wir schlussfolgern, die Gesetze zu sehen, die den Schlussversuch beherrschen, den Syllogismus zu analysieren und seine Übereinstimmung mit den Gesetzen des Denkens zu sehen, ist nicht nur eine Übung des Schlussverfahrens, sondern gibt uns jenes Wissen über den Prozess, das sowohl ein Anreiz als auch eine Anleitung zum Denken sein wird. Niemand kann den Prinzipien und Prozessen des Denkens nachspüren, ohne dadurch einen Denkanstoß zu erhalten. An zweiter

Stelle ist das Studium der Logik wahrscheinlich noch wertvoller, weil es Übung im deduktiven Denken gibt. Dies ist vielleicht ihr Hauptwert, da der Verstand instinktiv denkt, ohne zu wissen, wie er denkt. Man kann ohne die Kenntnis der Wissenschaft des Denkens denken, so wie man die Sprache ohne Kenntnis der Grammatik richtig anwenden kann; doch so, wie das Studium der Grammatik das Sprechen verbessert, so kann das Studium der Logik nur das Denken verbessern".

Eine der besten, wenn auch einfachen Methoden zur Kultivierung des Denkens besteht nach der Meinung des Verfassers darin, sich mit den häufigeren Irrtümern oder Formen des falschen Denkens gründlich vertraut zu machen - so gründlich, dass nicht nur die falschen Gedanken sofort erkannt, sondern auch der Grund ihrer Falschheit leicht verstanden wird. Die falschen Argumentationsformen zu verstehen, bedeutet, sich vor ihnen zu hüten. Indem wir uns vor ihnen hüten, neigen wir dazu, sie aus unseren Denkprozessen zu eliminieren. Wenn wir das Falsche eliminieren, haben wir das Wahre an seiner Stelle. Deshalb empfehlen wir das Unkrautjäten des logischen Gartens der gewöhnlichen Irrtümer, damit die Blumen der reinen Vernunft an ihrer Stelle blühen können. Wir halten es daher für gut, im nächsten Kapitel auf die häufigeren Trugschlüsse und den Grund ihrer Falschheit hinzuweisen.

XXVIII. Trugschluss.

AFALLACY (=Trugschluss) wird definiert als "ein unklares Argument oder eine Argumentationsweise, die zwar für eine Frage entscheidend zu sein scheint, es aber in Wirklichkeit nicht ist; oder eine trügerische Aussage oder eine Aussage, bei der der Fehler nicht ohne Weiteres ersichtlich ist. Wenn ein Trugschluss benutzt wird, um andere zu täuschen, nennt man das 'Sophisterei'."Es ist wichtig, dass der Lernende die Natur des Trugschlusses versteht und seine häufigsten Formen versteht. Wie Jevons sagt: "Wenn man lernt, wie man das Richtige tut, ist es immer wünschenswert, über die Art und Weise informiert zu sein, in der wir wahrscheinlich falsch liegen werden. Wenn wir einem Menschen den Weg beschreiben, dem er folgen soll, sollten wir ihm nicht nur die Abzweigungen sagen, die er nehmen soll, sondern auch die Abzweigungen, die er vermeiden soll. Ebenso ist es ein nützlicher Teil der Logik, der uns die Wege und Wendungen lehrt, durch die Menschen beim Denken am häufigsten in die Irre gehen".

In der folgenden kurzen Erklärung zu den häufigeren Formen der Täuschung lassen wir so weit wie möglich die technischen Details aus, die zu den Lehrbüchern der Logik gehören.

IRRTÜMER.

I. Wahre Gemeinsamkeit aber falsche Besonderheit - Ein Beispiel für diesen Trugschluss findet sich in der Argumentation, dass ein bestimmter Franzose reizbar sein muss, weil die französische Bevölkerung im Allgemeinen leicht reizbar ist. Oder dass, weil die Juden in ihrer Gesamtheit gute Geschäftsleute sind, der betreffende Jude deshalb ein guter Geschäftsmann sein muss. Dies ist ebenso trügerisch wie die Behauptung, dass ein Mensch, weil er im Ozean ertrinken könnte, das Bad, das Becken oder die Tasse Wasser meiden sollte. Es gibt einen großen Unterschied zwischen dem Ganzen einer Sache und ihren einzelnen Teilen. Salpetersäure und Glyzerin sind einzeln nicht explosiv, aber zusammen bilden sie Nitroglyzerin, einen äußerst gefährlichen und mächtigen Sprengstoff. In Umkehrung dieser Form der Darstellung erinnern wir an das alte Sprichwort:

"Salz ist eine gute Sache, aber man will auf keinen Fall eingepökelt werden."

II. Irrelevante Schlussfolgerung - Dieser Trugschluss besteht darin, dass in die Schlussfolgerung eine Angelegenheit eingeführt wird, die nicht in den Prämissen enthalten ist, oder dass die Frage verwirrend ist. Zum Beispiel: (1) Alle Menschen sind sündig; (2) John Smith ist ein Mensch; deshalb (3) ist John Smith ein Pferdedieb. Das mag absurd klingen, aber viele Argumente sind so trügerisch wie dieses, und aus dem gleichen Grund. Oder eine andere und subtilere Form: (1) Alle Diebe sind Lügner; (2) John Smith ist ein Lügner; deshalb (3) ist John Smith ein Dieb. Das erste Beispiel ergibt sich aus der Einführung neuer Materie, das letzte aus der Verwirrung der Sache.

III. Falsche Ursache - Dieser Trugschluss besteht darin, einer Sache eine Ursache zuzuschreiben, die lediglich mit der Wirkung zusammenfällt oder ihr vorausgeht. Zum Beispiel: (1) Der Hahn kräht kurz vor oder im Moment des Sonnenaufgangs; daher (2) ist das Krähen des Hahns die Ursache des Sonnenaufgangs. Oder, noch einmal, (2) das Krähen des Hahns ist die Ursache für den Sonnenaufgang: (1) Schlechte Ernten folgten auf die Wahl eines Präsidenten der Whig-Partei; daher (2) ist die Whig-Partei die Ursache für die schlechte Ernte. Oder, noch einmal, (2) die Whig-Partei ist die Ursache der schlechten Ernte: (1) Wo die Zivilisation am höchsten ist, dort finden wir die größte Anzahl von hohen Hüten; daher (2) sind hohe Hüte die Ursache der Zivilisation.

IV. Zirkelschluss - Bei dieser Form des Trugschlusses bemüht sich die Person, die schlussfolgert oder argumentiert, eine Sache durch sich selbst oder ihre eigenen Begriffe zu erklären oder zu beweisen. Zum Beispiel: (1) Die Whig-Partei ist ehrlich, weil sie ehrliche Prinzipien vertritt; (2) die Whig-Prinzipien sind ehrlich, weil sie von einer ehrlichen Partei vertreten werden. Eine häufige Form dieses Trugschlusses in seiner sophistischen Form ist die Verwendung von Synonymen in einer Art und Weise, dass sie mehr auszudrücken scheinen als die ursprüngliche Konzeption, während sie in Wirklichkeit nur andere Begriffe für dieselbe Sache sind. Ein historisches Beispiel für eine zirkuläre Argumentation ist das folgende: (1) Die Kirche von England ist die wahre Kirche, weil sie von Gott gegründet wurde; (2) sie muss von Gott gegründet worden sein, weil sie die wahre Kirche ist. Diese Form der Sophisterei ist am wirksamsten, wenn sie in langen Auseinandersetzungen eingesetzt wird, in denen es schwierig ist, sie wahrzunehmen.

V. Die Frage (Prämisse) erfinden - Diese Täuschung entsteht durch die Verwendung einer falschen Prämisse oder zumindest einer Prämisse, deren angebliche Wahrheit der Gegner nicht anerkennt. Man kann sie einfach als "die unberechtigte Annahme einer Prämisse, im Allgemeinen die Hauptprämisse" bezeichnen. Viele Personen des öffentlichen Lebens argumentieren auf diese Weise. Sie behaupten kühn eine unberechtigte Prämisse und argumentieren dann logisch davon ausgehend. Das Ergebnis ist für den Durchschnittsmenschen verwirrend, denn da die Schritte der Argumentation logisch sind, scheint es, als ob das Argument stichhaltig ist, wobei die Tatsache der ungerechtfertigten Prämisse übersehen wird. Die Person, die diese Form der Sophisterei benutzt, geht von Aaron Burrs Theorie aus, dass die Wahrheit "das ist, was kühn behauptet und plausibel aufrechterhalten wird".

Bulwer lässt eine seiner Figuren eine besonders grausame Form dieses Trugs (wenn auch amüsante) in den folgenden Worten erwähnen: "Wann immer Sie etwas erstaunlich Falsches sagen wollen, fangen Sie immer damit an: 'Es ist eine anerkannte Tatsache', usw. Sir Robert Filmer war ein Meister dieser Art zu schreiben. Mit welch feierlichem Gesicht, versuchte dieser große Mann auf diese Weise zu betrügen. Er sagte: Es ist eine unbestreitbare Wahrheit, dass es keine Menge von Menschen geben kann, weder große noch kleine usw., sondern dass in derselben Menge ein Mensch unter ihnen ist, der in der Natur das Recht hat, König aller übrigen zu sein - als der nächste Erbe Adams!

Achten Sie sorgfältig auf die Hauptprämisse der in der Argumentation, ob mündlich oder schriftlich, vorgebrachten Behauptungen. Stellen Sie sicher, dass die Person, die den Satz aufstellt, nicht nicht mit einer ungerechtfertigten Annahme der Prämisse "die Frage (Prämisse) erfindet".

ALLGEMEINE REGEL DER SCHLUSSFOLGERUNG.

Hyslop sagt über gültige und trügerische Schlussfolgerungen: "Wir können aus keiner Prämisse etwas ableiten, das uns gefällt. Wir müssen uns an bestimmte Regeln oder Prinzipien halten. Jede Verletzung dieser Regeln und Prinzipien ist ein Trugschluss. Es gibt zwei einfache Regeln, die nicht verletzt werden sollten: (1) Der Gegenstand der Schlussfolgerung sollte von der gleichen allgemeinen Art sein wie die Prämissen; (2) die Tatsachen, die die Voraussetzungen bilden, müssen bestätigt sein, sie dürfen nicht fiktiv sein." Eine genaue Einhaltung dieser Regeln führt zur Aufdeckung und Vermeidung der wichtigsten Formen der Trugschlussfolgerung und der Sophisterei.

SOPHISTISCHE ARGUMENTE.

Es gibt eine Reihe von kniffligen Praktiken, auf die Personen in der Argumentation zurückgreifen, die in der Absicht und im Ergebnis trügerisch sind, die wir hier nicht im Detail betrachten, da sie kaum zum besonderen Thema dieses Buches gehören. Eine kurze Erwähnung kann jedoch im Interesse der allgemeinen Information erlaubt sein. Hier sind die Wichtigsten:-

(1) Die Behauptung, dass ein Satz richtig ist, weil der Gegner das Gegenteil nicht beweisen kann. Der Trugschluss wird deutlich, wenn wir erkennen, dass die Aussage "Der Mond ist aus grünem Käse gemacht" nicht bestätigt ist, weil wir das Gegenteil nicht beweisen können. Kein Mangel an Beweisen für einen Satz beweist ihn wirklich; und kein Mangel an Beweisen für einen Satz widerlegt ihn wirklich. In der Regel liegt die Beweislast bei demjenigen, der den Satz angibt, und sein Gegner ist nicht aufgerufen, ihn zu widerlegen oder als bewiesen zu betrachten. Der alte Ausruf "Du kannst nicht beweisen, dass es nicht so ist" beruht auf einer falschen Voraussetzung.

(2) Missbrauch des Gegners, seiner Partei oder seiner Sache. Dies ist kein wirkliches Argument oder eine echte Argumentation. Es ist so ähnlich, als würde man einen Punkt beweisen, indem man dem Gegner auf den Kopf schlägt.

(3) Zu argumentieren, dass ein Einsprechender seinen Prinzipien nicht gerecht wird, ist kein Argument gegen die von ihm vertretenen Prinzipien. Ein Mann kann das Prinzip der Mäßigung befürworten und dennoch bis zum Exzess trinken. Dies beweist lediglich, dass er besser predigt als er praktiziert; aber die Wahrheit des Prinzips der Mäßigung wird dadurch in keiner Weise beeinträchtigt. Der Beweis dafür ist, dass er seine Praktiken ändern kann; und es kann nicht behauptet werden, dass die Änderung seiner persönlichen Gewohnheiten die Natur des Prinzips verbessert oder verändert.

(4) Das Argument der Autorität beruht nicht auf Logik. Autorität ist wertvoll, wenn sie wirklich angemessen ist, und zwar nur als Bestätigung oder als zusätzliches Gewicht; aber es ist kein logisches Argument. Die Gründe der Autorität allein stellen ein wirkliches Argument dar. Der Mißbrauch dieser Form des Arguments wird in dem obigen Hinweis auf das "Die Frage (Prämisse) erfinden" in dem Zitat von Bulwer gezeigt.

(5) Der Appell an Vorurteile oder die öffentliche Meinung ist kein gültiges Argument, denn die öffentliche Meinung ist häufig falsch und Vorurteile sind oft ungerechtfertigt. Und sie haben bestenfalls "nichts mit dem Fall zu tun", vom Standpunkt der Logik aus gesehen. Auch der Missbrauch von Zeugenaussagen und behaupteten Beweisen ist prüfungswürdig, aber wir können hier nicht auf das Thema eingehen.

TRUGSCHLÜSSE VON VORURTEILEN.

Aber die vielleicht gefährlichste aller Trugschlüsse bei der Wahrheitssuche der meisten von uns sind die, die sich aus dem Folgenden ergeben:-

(1) Die Neigung, aus dem, was wir fühlen und wahr sein wollen, zu folgern, statt aus den tatsächlichen Fakten des Falles, was uns unbewusst dazu veranlasst, die Geisteshaltung einzunehmen: *"Wenn die Fakten mit unseren Vorlieben und Lieblingstheorien übereinstimmen, ist alles gut; wenn nicht, um so schlimmer für die Fakten"*.

(2) Die Tendenz in uns allen, nur die Fakten wahrzunehmen, die mit unseren Theorien übereinstimmen, und die anderen zu ignorieren. Wir finden das, was wir suchen, und übersehen das, was uns nicht interessiert. Unsere Entdeckungen folgen unserem Interesse, und unser Interesse folgt unseren Wünschen und Überzeugungen.

Der intelligente Mann oder die intelligente Frau erkennt diese Tendenzen der menschlichen Natur und bemüht sich, sie in seiner oder ihrer eigenen Argumentation zu vermeiden, ist sich aber in den Argumenten und der Argumentation der anderen sehr wohl bewusst. Wenn man sich nicht beobachtet und sich vor diesen Tendenzen schützt, führt dies zu Bigotterie, Intoleranz, Enge und intellektuellem Astigmatismus.

XXIX. Der Wille.

Die Aktivitäten des Willens umfassen die dritte große Klasse der psychischen Prozesse. Die Psychologen haben sich schon immer in ihrer Auffassung dessen, was diese Aktivitäten ausmacht, stark unterschieden. Selbst heute ist es schwierig, eine wörterbuchartige Definition des Willens zu erhalten, die mit der besten Ansicht zu diesem Thema übereinstimmt. Die Wörterbücher halten sich an die alte Klassifikation und Konzeption, die den Willen als "das Vermögen des Geistes oder der Seele, mit dem er wählt oder entscheidet" angesehen hat. Aber mit dem Wachsen der Idee, daß der Wille nach dem stärksten Motiv handelt, und daß das Motiv von dem zwischen den Wünschen des Augenblicks getroffenen Mittelwert kommt, unter der Kontrolle des Intellekts, geht die Vorstellung des Willens als das wählende und entscheidende Vermögen von der Präferenz aus. An die Stelle der älteren Vorstellung ist die neuere getreten, die davon ausgeht, daß der Wille in erster Linie auf Handlung ausgerichtet ist.

Es ist schwierig, den Willen in die Kategorie der geistigen Prozesse einzuordnen. Aber man ist sich im Allgemeinen darüber einig, dass er sich im Zentrum des geistigen Wesens befindet und eng mit dem, was man das Ego oder das Selbst nennt, verbunden ist. Der Wille scheint mindestens drei allgemeine Phasen zu haben, nämlich: (1) Die Phase des Begehrens, (2) die Phase der Überlegung oder Wahl und (3) die Phase des Ausdrucks in Aktion. Um den Willen zu verstehen, ist es notwendig, jede dieser drei Phasen seiner Aktivitäten zu betrachten.

(1). Das Begehren.

Die erste Phase des Willens, die "Begehren" genannt wird, ist an sich schon etwas komplex. Auf seiner Unterseite berührt er Gefühl und Emotionen und geht in der Tat in diese über. Sein Zentrum besteht aus einem Spannungszustand, ähnlich dem einer gespannten Feder oder einer sprungbereiten Katze. Auf seiner oberen Seite berührt er die anderen Phasen des Willens, durchdringt sie und verschmilzt mit ihnen, wie wir bereits erwähnt haben.

Das Begehren wird definiert als "ein Gefühl, eine Emotion oder eine Erregung des Geistes, die auf die Erlangung, den Genuss oder den Besitz eines Gegenstandes gerichtet ist, von dem Vergnügen, Gewinn oder Befriedigung erwartet wird". Halleck gibt uns die folgende hervorragende Vorstellung vom bewegten Geist des Begehrens: "Das Begehren hat für sein Objekt etwas, das dem Individuum oder jemandem, an dem es interessiert ist, Vergnügen bringt oder Schmerzen beseitigt, sei es unmittelbar oder entfernt. Die Abneigung oder das Streben nach etwas ist lediglich der negative Aspekt des Begehrens."

In der oben zitierten Aussage von Halleck haben wir die Erklärung für die Rolle, die der Intellekt in den Willensäußerungen spielt. Der Intellekt ist in der Lage, die Beziehungen zwischen gegenwärtiger Handlung und zukünftigen Ergebnissen wahrzunehmen und kann den Weg zur Unterdrückung einiger Wünsche weisen, damit andere und bessere manifestiert werden können. Er dient auch dazu, das "Bilden des Durchschnitts" zwischen widerstreitenden Wünschen zu regulieren. Ohne das Eingreifen des Intellekts würde der vorübergehende Wunsch des Augenblicks immer ohne Rücksicht auf zukünftige Ergebnisse oder Konsequenzen für sich selbst und andere zur Handlung führen. Er dient auch dazu, die Handlungsweise aufzuzeigen, die berechnet wurde, um den Wunsch am zufriedenstellendsten auszudrücken.

Während es eine Tatsache ist, dass die Willenshandlung fast vollständig von der Triebkraft des Begehrens abhängt, ist es ebenso wahr, dass das Begehren durch die Willenshandlung geschaffen, reguliert, unterdrückt und sogar ausgeschaltet werden kann. Indem der Wille einer bestimmten Klasse von Wünschen Aufmerksamkeit schenkt oder verweigert, kann er sie entweder wachsen und stark werden lassen, oder aber vergehen und verblassen. Es muss jedoch daran erinnert werden, dass dieser Gebrauch des Willens selbst einer anderen Art von Wünschen oder Gefühlen entspringt.

Das Begehren wird durch Gefühle oder Emotionen geweckt, die aus den unterbewussten Ebenen des Geistes aufsteigen und nach Ausdruck und Manifestation suchen. Wir haben die Natur der Gefühle und Emotionen in den vorhergehenden Kapiteln betrachtet, die im Zusammenhang mit dem vorliegenden Kapitel noch mal gelesen werden sollten. Es sollte daran erinnert werden, dass die gefühlsmäßige oder emotionale Seite des Begehrens entweder aus ererbten Erinnerungen der Spezies, die als Instinkte existieren, oder aus der Erinnerung an die vergangenen Erfahrungen des Individuums entsteht.

In einigen Fällen manifestiert sich das Gefühl zunächst in einer vagen Unruhe, die durch unterbewusste Eingebungen und Erregung verursacht wird. Dann stellt die Vorstellungskraft das Objekt des Gefühls oder bestimmte damit verbundene Erinnerungsbilder dar, und der Wunsch manifestiert sich so auf der Ebene des Bewusstseins.

Der Eintritt des Wunschgefühls ins Bewusstsein wird von jener eigenartigen Spannung begleitet, die die zweite Phase des Begehrens markiert. Diese Spannung geht, wenn sie ausreichend stark ist, in die dritte Phase des Begehrens über, oder in diejenige, in der das Begehren in die Willenshandlung übergeht. Das Begehren in dieser Phase stellt eine Anforderung an den Willen zum Ausdruck und zur Handlung. Aus dem bloßen Fühlen und der Spannung des Gefühls wird so ein Aufruf zur Handlung. Aber bevor dem Begehren Ausdruck und Handlung gegeben werden, muss sich die zweite Phase des Willens zumindest für einen Moment manifestieren; diese zweite Phase ist diejenige, die als Überlegung oder als Abwägen und Ausbalancieren des Begehrens bekannt ist.

(2). Die Überlegung.

Die zweite Phase des Willens, die sogenannte Überlegung, ist mehr als der rein intellektuelle Prozess, auf den der Begriff hinweisen würde. Der Intellekt spielt zwar eine wichtige Rolle, aber es gibt auch ein fast instinktives und automatisches Abwägen und Ausbalancieren der Wünsche. Es gibt selten nur einen Wunsch, der zu einem bestimmten Zeitpunkt seine Ansprüche auf den Willen geltend macht. Es ist wahr, dass gelegentlich ein emotionales Begehren von so dominanter Kraft und Stärke auftaucht, dass es jeden anderen Anspruchsberechtigten beim Abwägen verdrängt. Aber solche Fälle sind selten, und in der Regel gibt es eine Vielzahl von rivalisierenden Ansprüchen, von denen jeder auf seine Rechte in der Sache besteht. Bei dem Menschen mit schwachem oder unentwickeltem und ungeschultem Intellekt ist der Kampf meist nicht mehr als ein kurzer Kampf zwischen mehreren Wünschen, bei dem der Stärkste im Moment gewinnt. Aber mit der Entwicklung des Intellekts entstehen neue Faktoren und neue Kräfte werden spürbar. Außerdem ist der Abwägungskampf oder der Kampf der Wünsche umso intensiver, je komplexer die emotionale Natur des Menschen ist und je stärker die Entwicklung der höheren Gefühlsformen ist.

Wir sehen in Hallecks Definition, dass das Begehren nicht nur das Ziel hat, dem Individuum "Freude zu bringen oder den Schmerz loszuwerden", sondern dass das zusätzliche Element des Wohlergehens "eines Menschen, an dem er interessiert ist" hinzukommt, welches oft der entscheidende Faktor ist. Dieses Element ergibt sich natürlich aus der Entwicklung und Kultivierung der eigenen emotionalen Natur. In gleicher Weise sehen wir auch, dass nicht nur das unmittelbare Wohlergehen des Eigenen oder desjenigen, an dem man interessiert ist, vor der Waage steht, sondern auch das weitere Wohlergehen. Diese Betrachtung des zukünftigen Wohlergehens hängt vom Intellekt und der kultivierten Vorstellungskraft ab, die unter seiner Kontrolle stehen. Darüber hinaus ist der geschulte Intellekt in der Lage, eine mögliche größere Befriedigung in einer anderen Handlungsweise zu entdecken als in der, die durch das schreiende Verlangen des Augenblicks ausgelöst wird. Das erklärt, warum sich das Urteil und die Handlung eines intelligenten Menschen in der Regel weit von denen des unintelligenten Menschen unterscheidet; und auch, warum ein kultureller Mensch zu einer anderen Handlung neigt als ein unkultivierter; und ebenso, warum ein Mensch mit breiten Anteilnahmen und hohen Idealen anders handelt als ein Mensch des entgegengesetzten Typs. Aber das Prinzip ist immer dasselbe - die Gefühle manifestieren sich im Begehren, die größte, im Augenblick sichtbare endgültige Befriedigung wird gesucht, und die stärkste Gruppe von Wünschen gewinnt die Oberhand.

Hallecks Kommentar zu diesem Punkt ist interessant. Er sagt: "Das Begehren ist nicht immer proportional zu der Vorstellung des eigenen egoistischen Vergnügens. Viele Menschen, nachdem sie sich eine Vorstellung von der riesigen Menge an irdischer Not gemacht haben, wollen diese lindern, und das Verlangen geht in Aktion, wie die wohltätigen Gesellschaften in jeder Stadt bezeugen. Hier ist das individuelle Vergnügen nichts anderes, aber es ist zweitrangig, es kommt aus dem Vergnügen der anderen. Das Begehren des Nahen weckt oft ein stärkeres Verlangen als das Ferne. Ein Kind zieht oft eine Sache sofort vor, wenn sie nur ein Zehntel so gut ist wie etwas, das es in einem Jahr haben könnte. Ein Schüler wünscht sich oft mehr die Freizeit des Heutigen als den Erfolg zukünftiger Jahre. Obwohl er zum Studium ermahnt wird, vergeudet er seine Zeit und verliert so unvergleichlich größere zukünftige Freude, wenn er im Kampf ums Dasein nach hinten geworfen wird".

Das Ergebnis dieses Abwägens und Ausgleichens der Wünsche ist oder sollte eine Entscheidung und Wahl sein, die dann in die Tat umgesetzt wird. Aber viele Menschen scheinen unfähig zu sein, "sich selbst zu entscheiden" und benötigen einen Anstoß oder Drang von außen, bevor sie handeln. Andere entscheiden sich, ohne den richtigen Gebrauch des Intellekts, für das, was sie " Reiz" nennen, was aber lediglich Ungeduld ist. Manche sind wie der sagenhafte Esel, der verhungert, wenn er in gleichem Abstand zwischen zwei gleich attraktiven Heuhaufen steht und sich nicht entscheiden kann, wohin er sich bewegen soll. Andere folgen dem Beispiel von Jeppe in der Komödie, der, als er eine Münze bekam, mit der er ein Stück Seife für seine Frau kaufen konnte, an der Ecke stand und überlegte, ob er den Befehlen gehorchen oder mit dem Geld ein Getränk kaufen sollte. Er will das Getränk, merkt aber, dass seine Frau ihn schlagen wird, wenn er ohne die Seife zurückkommt. "Mein Bauch sagt: Trinken, mein Rücken sagt: Seife", sagt Jeppe. "Aber", bemerkt er schließlich, "liegt ihm nicht mehr am Magen als am Rücken eines Mannes? Ja, sage ich."

Die letztendliche Entscheidung hängt von der Abwägung zwischen den Wünschen,- dem Abwägen von Wunsch und Begierde,- dem Verlangen nach diesem und dem Verlangen nach etwas anderem ab. Die Stärke der verschiedenen Wünsche hängt von der Nähe und dem gegenwärtigen Interesse ab, das sich aus der Aufmerksamkeit ergibt, wie sie auf die Gefühle und Emotionen angewandt wird, die sich aus Vererbung, Umwelt, Erfahrung und Erziehung ergeben und die den Charakter ausmachen; und auch vom Grad der intellektuellen Klarheit und der Kraft, richtige Urteile zwischen den Wünschen zu fällen.

Man darf jedoch nicht vergessen, dass der Intellekt nicht als Gegner des Prinzips der Befriedigung des Begehrens erscheint, sondern lediglich als Instrument des Ego, um zu bestimmen, welche Handlung zu der größten endgültigen Befriedigung führt, direkt oder indirekt, gegenwärtig oder in Zukunft. Denn schließlich handelt jeder Mensch so, daß er sich selbst die größte Befriedigung verschafft, unmittelbar oder in Zukunft, direkt oder indirekt, entweder persönlich oder durch das Wohl anderer, wie ihm dies im jeweiligen Augenblick der Überlegung erscheinen mag. Wir handeln immer in der Richtung dessen, was unseren "Geist am meisten befriedigt". Dies wird sich als der Geist aller Entscheidungen herausstellen, obwohl das Motiv oft verborgen und selbst für den Einzelnen selbst schwer zu finden ist, da viele der stärksten Motive ihren Ursprung in den unterbewussten Ebenen der Psyche haben.

(3). Aktion.

Die dritte und letzte Phase des Willens ist die so genannte Aktion - der Willensakt, durch den sich die Wunschvorstellung in körperlicher oder geistiger Aktivität ausdrückt. Nach der alten Auffassung des Willens war die entscheidende Phase des Willens seine charakteristische und letzte Phase, wobei die Tatsache ignoriert wurde, dass das Wesen oder der Geist des Willens mit der Handlung verbunden ist. Selbst diejenigen, die mit der neueren Konzeption vertraut sind, gehen häufig davon aus, dass der Akt der Entscheidung die letzte Phase des Willens ist, wobei sie die Tatsache ignorieren, dass wir uns häufig entscheiden, eine Sache zu tun, und dennoch die Absicht und die Entscheidung vielleicht niemals ausführen werden. Der Akt des Wollens ist nicht vollständig, wenn keine Handlung ausgeführt wird. Es muss die Manifestation des motorischen Elements oder der Phase des Willens geben, sonst ist der Willensprozess unvollständig.

Eine Schwäche dieser letzten Willensphase wirkt sich auf den gesamten Willen aus und macht seine Prozesse unwirksam. Die Welt ist voll von Personen, die in der Lage sind zu entscheiden, was am besten zu tun ist und was getan werden sollte, die aber nie wirklich nach der Entscheidung handeln. Die wenigen Personen, die der Entscheidung sofort energisch nachgehen, sind diejenigen, die die Arbeit der Welt erledigen. Ohne die vollständige Manifestation dieser dritten Phase des Willens sind die beiden anderen Phasen nutzlos.

ARTEN DES WILLENS.

Bisher haben wir nur die höchste Art des Willens betrachtet - der von bewusster Überlegung begleitet wird, an der der Intellekt aktiv beteiligt ist. Dabei drängen sich nicht nur die widerstreitenden Gefühle mit gegensätzlichen Anerkennungsansprüchen vor, sondern der Intellekt ist aktiv, um den Fall zu prüfen und wertvolle Hinweise auf die vergleichenden Vorzüge der verschiedenen Ansprüche und die Wirkung bestimmter Handlungsweisen auf die Person zu geben. Es gibt jedoch mehrere niedere Formen der Willensäußerung, die wir kurz am Rande betrachten wollen.

Reflexhandlung - Der Wille wird durch die Reflexaktivitäten des Nervensystems, die in den früheren Kapiteln dieses Buches erwähnt wurden, zum Handeln bewegt. In diesem allgemeinen Typ finden wir unbewusste Reflexaktionen, wie z.B. die, die sich manifestieren, wenn ein Schläfer berührt wird und sich wegbewegt, oder wenn das Froschbein zuckt, wenn das Nervenende erregt wird. Wir finden auch bewusste Reflexe, wie z.B. das Zwinkern des Auges, oder die Ausführung gewohnter körperlicher Bewegungen, wie z.B. die Bewegung beim Gehen, die Bedienung der Nähmaschine oder der Schreibmaschine, das Klavierspielen, usw.

Impulsive Aktion - Der Wille wird oft durch eine dunkle Idee oder eine schwache Wahrnehmung von Zweck oder Impuls zur Aktion bewegt. Die Handlung ist fast instinktiv, obwohl es eine vage Wahrnehmung des Zwecks gibt. Wir fühlen zum Beispiel den Impuls, uns der Quelle eines seltsamen Tons oder einer seltsamen Sichtweise oder einer anderen Quelle des Interesses oder der Neugier zuzuwenden. Oder wir fühlen vielleicht einen Impuls, der aus der unterbewussten Ebene unseres Geistes kommt und eine schwach bewusste Vorstellung von Bewegung oder Handlung hervorruft, um die Spannung zu lösen. Zum Beispiel kann man den Wunsch verspüren, sich zu bewegen oder frische Luft oder grüne Felder zu suchen, obwohl man zu diesem Zeitpunkt nicht an diese Dinge gedacht hat. Diese Impulse entstehen aus einem unbewussten Gefühl der Müdigkeit oder dem Wunsch nach Veränderung, das, zusammen mit einer flüchtigen Idee, den Impuls erzeugt. Wenn ein Impuls nicht durch die von anderen Wünschen, Gewohnheiten, Ideen oder Idealen inspirierte Willenstätigkeit gehemmt wird, handeln wir auf genau dieselbe Weise wie ein kleines Kind oder ein Tier. Hoffding sagt über diese Art von Handlung: "Die psychologische Bedingung des Impulses ist, dass mit dem momentanen Gefühl und der Empfindung eine mehr oder weniger klare Vorstellung von etwas kombiniert wird, das die Lust des Augenblicks erhöht oder den Schmerz vermindert.

Instinktive Handlung. - Der Wille wird häufig durch einen instinktiven Reiz zur Handlung bewegt. Diese Form der Willensaktivität ähnelt der letztgenannten Form sehr, und oft ist es unmöglich, zwischen beiden zu unterscheiden. Die Aktivitäten der Biene beim Bau ihrer Wabe und der Lagerung ihres Honigs, die Arbeit der Seidenraupe und der Raupe beim Bau ihrer Ruhestätte sind Beispiele für diese Form der Handlung. In der Tat kann sogar der Bau des Vogelnestes so eingestuft werden. In diesen Fällen gibt es eine intelligente Handlung, die auf ein bestimmtes Ziel gerichtet ist, aber das Tier ist sich dieses Ziels nicht bewusst. Die Erfahrungen der entfernten Vorfahren dieser Kreaturen haben ihre Eindrücke im Unterbewusstsein der Spezies aufgezeichnet, und sie werden in irgendeiner Weise auf alle diese Spezies übertragen. Das Nervensystem jedes Lebewesens ist ein Aufzeichnungsmedium der Erfahrungen seiner frühen Vorfahren, und diese Medien neigen dazu, die Einprägungen bei geeigneten Gelegenheiten zu reproduzieren. In den vorhergehenden Kapiteln haben wir gezeigt, dass sogar der Mensch in größerem Maße unter dem Einfluss des Instinkts steht, als er sich selbst vorstellt.

XXX. Die Willenskraft stärken.

Es ist von größter Wichtigkeit, dass der Einzelne seinen Willen entwickelt, kultiviert und trainiert, um ihn unter den Einfluss des höheren Teils seines geistigen und moralischen Wesens zu bringen. Während der Wille am effektivsten bei der Entwicklung und Schulung des Intellekts und der Bildung des Charakters eingesetzt wird, muss er selbst geschult werden, um gewöhnlich unter die Führung des Intellekts und unter den Einfluss dessen, was wir Charakter nennen, zu kommen.

Der Einfluss des trainierten Willens auf die verschiedenen geistigen Fähigkeiten ist am deutlichsten. Es gibt keine Fähigkeiten, die nicht durch den Willen kultiviert werden können. Die erste und große Aufgabe des Willens in dieser Richtung ist die Kontrolle und Ausrichtung der Aufmerksamkeit. Der Wille bestimmt die Art des Interesses, das im Augenblick vorherrschen soll, und die Art des Interesses bestimmt weitgehend den Charakter des Menschen, seinen Geschmack, seine Gefühle, seine Gedanken, seine Handlungen. Gordy sagt: "Wenn man mit einem bereits vorhandenen Einfluss zusammenarbeitet, kann der Wille einen schwächeren gegenüber einem stärkeren durchsetzen.

* * * *

Er bestimmt, welcher von den bereits vorhandenen Einflüssen die Kontrolle über den Geist hat.

Außerdem hängt die konzentrierte und kontinuierliche Aufmerksamkeit ganz von der Ausübung des Willens ab. Wie Gordy sagt: "Wenn der Wille seinen Einfluss auf die Aktivitäten des Geistes lockert, kann die Aufmerksamkeit von einer der Tausenden von Ideen, die die Gesetze der Assoziation ständig in unseren Geist bringen, mitgerissen werden.

Auch bei geistigen Bildern behauptet der Wille seine Herrschaft, und die Vorstellungskraft kann zum gehorsamen Diener des entwickelten Willens trainiert werden. Hinsichtlich des Einflusses des Willens auf den Charakter sagt Davidson: "Es genügt nicht, dass ein Mensch die Bedingungen des ethisch-moralischen Lebens seiner Zeit richtig versteht und gebührend schätzt; er muss noch dazu bereit und fähig sein, diese Bedingungen zu erfüllen. Und er kann dies sicherlich nicht tun, wenn sein Wille nicht zur vollkommenen Freiheit geschult ist, so daß er mit größter Bereitschaft auf die Anregungen seiner unterscheidungsfähigen Intelligenz und die Schwankungen seiner gebändigten Begierden antwortet. Halleck sagt: "Wir machen unsere Charaktere allmählich durch eigene Willensäußerungen, so wie ein Schmied durch wiederholte Schläge ein Hufeisen oder einen Anker aus einer formlosen Eisenmasse herausschlägt. Ein fertiger Anker oder ein fertiges Hufeisen war nie das Produkt eines einzigen Schlages."

DEN WILLEN TRAINIEREN.

Vielleicht ist der beste Weg, den Willen zu trainieren, ihn intelligent und zielgerichtet einzusetzen. Die Schulung eines beliebigen Geistesvermögens ist gleichzeitig eine Schulung des Willens. Da die Aufmerksamkeit so eng mit dem Willen verbunden ist, folgt daraus, dass eine sorgfältige Schulung der Aufmerksamkeit zu einer Stärkung des Willens führt. Die Schulung der emotionalen Seite der eigenen Natur bringt auch Ergebnisse in der Stärkung des Willens.

Halleck gibt seinen Schülern hervorragende Ratschläge zur Willensschulung. Es ist schwer, in diesem Sinne etwas Besseres zu finden, als das Folgende aus seiner Feder: "Nichts schult den Willen und macht ihn in dieser komplexen Welt besser für die Anstrengung bereit, als ihn an unangenehme Dinge zu gewöhnen. Professor James rät allen, gelegentlich etwas zu tun, nur aus dem Grund, dass sie es lieber nicht tun würden, falls es nichts anderes ist, als auf den Sitz in einer Straßenbahn zu verzichten. Er vergleicht solche Bemühungen mit der Versicherung, die ein Mann für sein Haus bezahlt. Er hat etwas, auf das er in der Not zurückgreifen kann. Ein so geschulter Wille ist immer bereit, zu reagieren, egal wie groß der Notfall ist. Während ein anderer über verschüttete Milch weinen würde, hat der Besitzer eines solchen Willens bereits eine andere Kuh gefunden.

* * *

Der einzige Weg, einen solchen Willen zu sichern, ist, sich in unangenehmen Dingen zu üben. Es gibt tägliche Gelegenheiten.

* * *

Ein Mann, der seine Abneigung gegen die seiner Meinung nach trockenen Fakten der politischen Ökonomie erklärt hatte, wurde eines Tages beim Stirnrunzeln über einem Kapitel von John Stuart Mill gefunden. Als ein Freund seine Überraschung ausdrückte, antwortete der Mann: 'Ich spiele den Schulmeister mit mir selbst. Ich lese das, weil es mir nicht gefällt. Ein solcher Mann hat die Erfolgskriterien in sich.

* * *

Vielleicht ist der beste Weg, den Willen zu trainieren, ihn intelligent und zielgerichtet einzusetzen. Die Schulung einer beliebigen Fähigkeit des Geistes ist gleichzeitig eine Schulung des Willens. Da die Aufmerksamkeit so eng mit dem Willen verbunden ist, folgt daraus, dass eine sorgfältige Schulung der Aufmerksamkeit zu einer Stärkung des Willens führt. Die Schulung der emotionalen Seite der eigenen Natur bringt auch Ergebnisse in der Stärkung des Willens. Halleck gibt seinen Schülern hervorragende Ratschläge zur Willensschulung. Es ist schwer, in diesem Sinne etwas Besseres zu finden, als das Folgende aus seiner Feder: "Nichts schult den Willen und macht ihn in dieser komplexen Welt besser für die Anstrengung bereit, als ihn an unangenehme Dinge zu gewöhnen. Professor James rät allen, gelegentlich etwas zu tun, und zwar aus keinem anderen Grund als dem, dass sie es lieber nicht tun würden, wenn es nichts anderes ist als der Verzicht auf einen Sitz in einer Straßenbahn. Er mag solche Bemühungen an der Versicherung, die ein Mann auf sein Haus zahlt. Er hat etwas, auf das er in der Not zurückgreifen kann. Ein auf diese Weise geschulter Wille ist immer bereit zu reagieren, egal wie groß der Notfall ist. Während ein anderer über verschüttete Milch weinen würde, hat der Besitzer eines solchen Willens bereits eine andere Kuh gefunden.

* * * *

Der einzige Weg, einen solchen Willen zu sichern, ist, sich darin zu üben, unangenehme Dinge zu tun. Es gibt tägliche Gelegenheiten.

* * * *

Ein Mann, der seine Abneigung gegen die seiner Meinung nach trockenen Fakten der politischen Ökonomie erklärt hatte, wurde eines Tages beim Stirnrunzeln über einem Kapitel von John Stuart Mill gefunden. Als ein Freund seine Überraschung ausdrückte, antwortete der Mann: 'Ich spiele den Schulmeister mit mir selbst. Ich lese das, weil es mir nicht gefällt. Ein solcher Mann hat die Erfolgskriterien in sich.

* * *

Andererseits trainiert derjenige, der gewöhnlich unangenehme Handlungen meidet, seine Willenskraft so, dass er zu einer Zeit, in der höchste Anstrengung gefordert wird, keinen Nutzen bringt. Ein solcher Wille kann sich niemals den Weg nach vorne bahnen".

GEWOHNHEITEN.

Gewohnheiten sind die ausgetretenen Pfade, über die der Wille reist. Der ausgetretene Pfad der Gewohnheit ist der Weg des geringsten Widerstands gegen den Willen. Wer seinen Willen trainieren will, muss darauf achten, ihm die richtigen mentalen Pfade zu geben, über die er gehen kann. Die Regel für die Schaffung von Gewohnheiten ist einfach diese: Den geistigen Weg so oft wie möglich beschreiten. Die Regel für das Überwinden unerwünschter Gewohnheiten ist folgende: Man geht so oft wie möglich über den geistigen Weg: Pflegen Sie die gegenteilige Gewohnheit. In diesen beiden Regeln kommt das Wesentliche dessen zum Ausdruck, was zu diesem Thema geschrieben wurde.

Professor William James hat der Welt einige unschätzbare Ratschläge bezüglich der Pflege der richtigen Gewohnheiten hinterlassen. Er stützt seine Regeln auf die von Professor Bain, präzisiert diese und fügt einige ebenso gute hinzu. Wir zitieren hiermit frei von James und Bain zu diesem Thema; es ist das Beste, das jemals über die Gewohnheitsbildung geschrieben wurde.

I. "Beim Erwerb einer neuen Gewohnheit oder dem Aufgeben einer alten Gewohnheit soll man sich mit einer möglichst starken und entschlossenen Initiative an die Arbeit machen. Dies wird Ihrem Neuanfang einen solchen Schwung verleihen, dass die Versuchung, abzubrechen, nicht so schnell auftritt, wie es sonst der Fall wäre; und jeder Tag, an dem ein Abbruch aufgeschoben wird, erhöht die Chancen, dass er überhaupt nicht stattfindet." - *James*.

II. Lassen Sie niemals eine Ausnahme zu, bis die neue Gewohnheit fest in Ihrem Leben verankert ist." - *James*.

Jeder Fehler ist wie das Fallenlassen eines Wollknäuels, das man vorsichtig aufwickelt - ein einziger Ausrutscher nimmt mehr weg, als viele Windungen wieder aufrollen" - *James*.

"In einer solchen Situation ist es vor allem notwendig, nie eine Schlacht zu verlieren. Jeder Gewinn auf der falschen Seite macht die Wirkung vieler Eroberungen auf der rechten Seite zunichte." - *James.*

Die wesentliche Vorsichtsmaßnahme besteht darin, die beiden gegnerischen Mächte so zu regulieren, dass die eine eine Reihe von ununterbrochenen Erfolgen hat, bis die Wiederholung sie so weit gefestigt hat, dass sie unter allen Umständen mit der Opposition fertig werden kann."-*Bain.*

III. "Ergreifen Sie die allererste mögliche Gelegenheit, bei jedem Vorsatz, den Sie fassen, und bei jeder emotionalen Anregung, die Sie möglicherweise erfahren, in Richtung der Gewohnheiten zu handeln, die Sie anstreben. Es ist nicht der Moment ihrer Entstehung, sondern der Moment ihrer motorischen Wirkungen, in dem die Lösungen und Wünsche dem Gehirn ihre neue 'Menge' mitteilen" - *James.*

"Allein das tatsächliche Vorhandensein der praktischen Gelegenheit bildet den Dreh- und Angelpunkt, auf dem der Hebel ruhen kann, durch den der moralische Wille seine Kraft vervielfachen und sich selbst in die Höhe heben kann. Wer keinen festen Boden hat, gegen den er sich drücken kann, wird nie über das Stadium des leeren Gestenmachens hinauskommen", *sagt James.*

IV. "Halte die Fähigkeit in dir lebendig, indem du jeden Tag ein wenig freiwillige Übung machst. Das heißt, sei systematisch asketisch oder heroisch in kleinen, unwichtigen Punkten; tue jeden Tag etwas aus keinem anderen Grund als dem, dass du es lieber nicht tun würdest, damit, wenn die Stunde der schrecklichen Not naht, sie dich nicht entnervt und untrainiert findet, um die Prüfung zu bestehen.

* * * *

Der Mann, der sich täglich an Gewohnheiten der konzentrierten Aufmerksamkeit, des energischen Willens und der Selbstverleugnung in unwichtigen Dingen gewöhnt hat, wird wie ein Turm stehen, wenn alles um ihn herum schaukelt und wenn seine weicheren Mitmenschen wie Spreu in der Luft zerrissen werden" - *James.*

XXXI. Tonikum für den Willen.

Zusätzlich zu den allgemeinen Regeln für die Entwicklung und Ausbildung des Willens, die im vorhergehenden Kapitel dargelegt wurden, bitten wir Sie, den Willen durch die Inspiration, die sich aus den Worten einiger der großen Denker und Macher der Welt ableiten lässt, zu verstärken und zu festigen. In diesen Worten liegt eine so wichtige Aussage über die Anerkennung, Verwirklichung und Manifestation dieses Etwas in uns, das wir "Wille" nennen, dass es eine stumpfe Seele ist, die nicht von der Ausbreitung der Idee inspiriert ist. Diese Äußerungen sind die Meilensteine auf dem Pfad der Vollendung, die von denen gesetzt wurden, die uns auf dem Weg vorausgegangen sind. Wir legen diese Zitate ohne Kommentar vor; sie sprechen für sich selbst.

WORTE DER WEISEN.

" Die können, die denken, sie können. Charakter ist ein perfekt gebildeter Wille."

"Nichts kann dem Willen eines Mannes widerstehen, der weiß, was wahr ist und der das Gute will."

"Denn in dir ist eine Kraft, eine lebendige Kraft, die, je mehr du vertraust und lernst, sie zu benutzen, den Widerstand der Materie vernichtet."

"Der Stern des unbesiegten Willens,

Es steigt in meiner Brust auf,

Gelassen und entschlossen und still,

Und ruhig und selbstbeherrscht.

"So nah ist die Größe unseres Staubes,

So nah ist Gott dem Menschen,

Wenn die Pflicht leise flüstert: "Du musst!

antwortet die Jugend: 'Ich kann!'"

"Je länger ich lebe, desto sicherer bin ich mir dessen, dass der große Unterschied zwischen den Menschen, zwischen den Schwachen und den Mächtigen, den Großen und den Unwichtigen, in der

147

Energie, in der unbezwingbaren Entschlossenheit, in einem einmal festgelegten Ziel und anschließend im Tod oder im Sieg besteht. Diese Eigenschaft wird alles bewirken, was in dieser Welt getan werden kann, und keine Talente, keine Umstände, keine Gelegenheiten werden ein zweibeiniges Geschöpf zu einem Menschen ohne diese Eigenschaft machen", *so Buxton.*

> *"Der menschliche Wille, diese unsichtbare Kraft,*
>
> *Der Nachwuchs einer unsterblichen Seele,*
>
> *Kann einen Weg zu jedem Ziel hauen,*
>
> *Obwohl Granitwände dazwischen liegen.*
>
> *"Du wirst sein, was du sein willst;*
>
> *Lass das Versagen seinen falschen Inhalt finden*
>
> *In dieser armseligen Umgebung,*
>
> *Aber der Geist verschmäht es und ist frei.*
>
> *"Er beherrscht die Zeit, er erobert den Raum,*
>
> *Er kotzt diesen prahlerischen Schwindler an, den Zufall,*
>
> *Und bietet dem tyrannischen Zustand die Stirn*
>
> *Entmachtet ihn um den Platz eines Dieners einnehmen."*

"Entschlossenheit ist das, was einen Menschen ausmacht; nicht klägliche Entschlossenheit, nicht grobe Entschlossenheit, nicht fehlgeleitete Absicht, sondern jener starke und unermüdliche Wille, der Schwierigkeiten und Gefahren zertreten kann, wie ein Junge die harschen Frostböden des Winters zertreten kann, der seine Augen und sein Gehirn mit einem stolzen Pulsschlag auf das Unerreichbare hin entfacht. Der Wille macht die Menschen zu Riesen" - *Donald G. Mitchell.*

> *"Es gibt keine Chance, kein Schicksal, keine Bestimmung, keine Fügung.*
>
> *Kein umgehen, behindern oder kontrollieren*
>
> *Die feste Entschlossenheit einer entschlossenen Seele.*
>
> *Geschenke zählen nichts, der Wille allein ist groß;*
>
> *Alle Dinge geben bald oder spät vor ihm nach.*
>
> *Welches Hindernis kann die mächtige Kraft*
>
> *des meeressuchenden Flusses in seinem Lauf,*

Oder die aufsteigende Kugel des Tages warten lassen?

Jede wohlgeborene Seele muss gewinnen, was sie verdient.

Lass die Narren von ihrem Glück reden. Der Glückliche
Ist der, dessen ernsthafte Absicht nie ausweicht,
Wessen kleinste Handlung oder Untätigkeit,
Dient dem einen großen Ziel. Selbst der Tod selbst...
Steht still und wartet manchmal eine Stunde
Für einen solchen Willen."

-...Ella Wheeler Wilcox.

"Ich habe mich durch lange Meditation zu der Überzeugung durchgerungen, dass ein Mensch mit einer festen Absicht diese zu erfüllen hat und dass nichts einem Willen widerstehen kann, der bei seiner Erfüllung sogar die Existenz aufs Spiel setzt" - *Lord Beaconsfield.*

"Ein leidenschaftliches Verlangen und ein unermüdlicher Wille können Unmögliches vollbringen oder das, was dem Kalten und Schwachen so erscheint." - *Sir John Simpson.*

"Es ist wunderbar, wie selbst die Opfer des Lebens sich einem Geist zu beugen scheinen, der sich nicht vor ihnen beugt, und sich einem Ziel unterwerfen, das sie in ihrer ersten offensichtlichen Neigung zu frustrieren droht. Wenn ein fester, entschlossener Geist erkannt wird, ist es neugierig zu sehen, wie sich der Raum um einen Menschen herum auflöst und ihm Platz und Freiheit lässt" - *John Foster.*

"Das Tolle an General Grant ist seine kühle, beharrliche Entschlossenheit. Er ist nicht leicht zu begeistern und hat den Griff einer Bulldogge. "Wenn er einmal seine Zähne zeigt, kann ihn nichts mehr abschütteln." - *Abraham Lincoln.*

"Ich bin größer als alles, was mir passieren kann. All diese Dinge stehen vor meiner Tür, und ich habe den Schlüssel.

* * * *

Der Mensch sollte stärker sein und mehr als alles, was ihm passieren kann. Umstände, 'Schicksal', 'Glück', sind alle draußen; und wenn er sie nicht ändern kann, kann er sie immer besiegen."-*Charles F. Lummis.*

"Die wahrhaftigste Weisheit ist eine entschlossene Entschlossenheit."

"Unmöglich ist ein Wort, das nur im Wörterbuch der Narren zu finden ist."

"Die Umstände! Ich mache Umstände!" -*Napoleon.*

"Wer nur halb scheitert, der will es auch." -*Suwarrow.*

"Das, was am leichtesten zur Gewohnheit wird, ist der Wille. Lerne also, stark und entschlossen zu wollen; so fixiere dein schwebendes Leben und lass es nicht mehr wie ein verwelktes Blatt von jedem Wind hin- und hergetragen werden, der weht."

"Der Mensch verdankt sein Wachstum vor allem jenem aktiven Streben des Willens, - dieser Begegnung, die wir Anstrengung nennen, - und es ist erstaunlich, wie oft scheinbar undurchführbare Ergebnisse dadurch ermöglicht werden.

* * * *

Es ist die Willenskraft der Absicht, - die einen Menschen befähigt, das zu tun oder zu sein, was immer er sich in den Kopf setzt, zu sein oder zu tun."

"Ein starker, trotziger Wille ist vielhändig und hält alles fest, was in der Nähe ist und ihm dienen kann; er hat eine magnetische Bestimmung, die alles, was ihr ähnlich ist, zu sich zieht.

* * * *

Lass es dein erstes Studium sein, um die Welt zu lehren, dass du nicht Holz und Stroh bist, sondern dass etwas Eisen in dir ist.

"Es ist so beharrlich, wie es ist." Ein Sprichwort aus Yorkshire.

"Ein Talent mit einem Willen im Rücken wird mehr erreichen als zehn ohne dieses, so wie ein Fingerhut voll Pulver in einem Gewehr, dessen Lauflauf ihm die Richtung vorgibt, eine größere Wirkung hat als eine Wagenladung, die unter freiem Himmel verbrennt." - *O.S. Marden.*

"Der Wille mag dem Menschen keine Talente oder Fähigkeiten verleihen, aber er tut etwas sehr Wichtiges - er befähigt ihn, das Beste aus seinen Kräften zu machen." - *Fothergill*.

"Mit zarter Hand eine Nessel streicheln,

Und es sticht dich für deine Schmerzen.

Greif es wie ein mutiger Mann,

Und es bleibt weich wie Daunen."

"Zucke nicht, foule nicht, sondern stoße fest zur

Ziellinie vor"

-Roosevelt.

"Je mehr Schwierigkeiten man hat, innen und außen, desto bedeutsamer und inspirierender wird sein Leben sein."

Naturwissenschaft, Physik und Astronomie

– **Äquivalenz von Information und Energie.** Von: K.-D. Sedlacek

– **Das Gesetz im Zufall:** Wie sich verborgene Gesetzlichkeit manifestiert. Von: Moritz Cantor u. K.-D. Sedlacek (Hrsg.)

– **Die Transzendenz der Realität :** Spuren einer allumfassenden transzendenten Realität jenseits von Raum und Zeit. Von: K.-D. Sedlacek

– **Einsteins Relativitätstheorie ganz ohne Mathematik.** Spezielle und allgemeine Relativitätstheorie. Von: Prof. Dr. Paul Kirchberger u. K.-D. Sedlacek (Hrsg.)

– **Freizeitvergnügen Sternenhimmel mit bloßem Auge:** Wie man Sternbilder auffindet ohne Instrumente. Von: Prof. Dr. Paul Kirchberger u. K.-D. Sedlacek (Hrsg.)

– **Phänomen Naturgesetze:** Das Geheimnis hinter den Erscheinungen der Welt. Von: K.-D. Sedlacek

– **Supervereinigung:** Wie aus nichts alles entsteht. Von: K.-D. Sedlacek

– **Die Natur psycho-physikalischer Phänomene.** Erforschung telekinetischer Vorgänge. Von: Schrenck-Notzing, A. u. Klaus D Sedlacek (Hrsg.)

– **Giganten der Physik.** Die Top10-Physiker der Menschheitsgeschichte. Von: Klaus-Dieter Sedlacek (Hrsg.)

– **Der allmächtige Informatiker:** Das Mysterium des Universums. Von Sir James Jeans u. K.-D. Sedlacek (Hrsg.)

– **Der verborgene Mechanismus des Weltgeschehens:** Neue Erkenntnisse über die Gestalten biotechnischer Systeme der Welt. Von: Dr. h. c. Raoul Francé u. K.-D. Sedlacek

– **Der erdgeschichtliche Klimawandel:** Den wahren Ursachen von Klimaschwankungen auf der Spur. Von Wilhelm Bölsche u. K.-D. Sedlacek (Hrsg.)

– **Wege zur physikalischen Erkenntnis.** Meine wissenschaftlichen Selbstbiographie, Reden und Vorträge. Von **Max Planck** u. K.-D. Sedlacek (Hrsg.)

– **Leonardo da Vinci:** Seine naturwissenschaftlichen Studien und genialen Erfindungen. Von Hermann Grothe u. K.-D. Sedlacek (Hrsg.).

– **The philosophy of physical science.** By Sir Arthur Eddington.

– **The nature of the physical world.** By Sir Arthur Eddington.

– **Leben in der Warmzeit der Erde.** Aus den Urtagen vor dem heutigen Klimawandel. Von Wilhelm Bölsche und K.-D. Sedlacek (Hrsg.

– **Treibhauseffekt und Klimawandel:** Energiewende, ja bitte, aber nicht wegen CO_2. Von Klaus-Dieter Sedlacek (Hrsg.)

– **Über die Gewissheit von Vorhersagen:** Wahrscheinlichkeiten bestimmen ohne Formelballast. Von Klaus-Dieter Sedlacek (Hrsg.)

Chemie

– **Der Stein der Weisen:** Wie die Alchemie zur Chemie wurde. Von: Wilhelm Ostwald et. al. u. K.-D. Sedlacek (Hrsg.)

– **Durchblick Chemie:** Praktische Grundlagen und Einführung in die anorganische, organische und Biochemie. Von: Prof. Dr. Lassar-Cohn, Prof. Dr. W. Löb, K.-D. Sedlacek

Natur- und Philosophie

– **Die letzten Ursachen.** Das Buch der Naturerkenntnis. Von: K.-D. Sedlacek

– **Gebundener Wille:** Wie frei ist menschlicher Wille tatsächlich? Von: K.-D. Sedlacek, G.F. Lipps et. al.

– **Jenseits der Erscheinungen:** Erkennbarkeit und Realität der Quantennatur. Von: Prof. Dr. M. Schlick u. K.-D. Sedlacek (Hrsg.)

– **Kleines Wörterbuch der Natur-Philosophie:** 1200 Begriffe, die man kennen sollte, kurz und prägnant. Von: K.-D. Sedlacek

– **Naturphilosophie:** Das Wesen von Naturgesetzen und die Erklärung des Lebens.

Von: Prof. Dr. M. Schlick u. K.-D. Sedlacek (Hrsg.)

– Vereinbarkeit von Religion und Naturwissenschaft. Von: Kurd Laßwitz u. K.-D. Sedlacek (Hrsg.)

– Das Konzept des Guten. Sinnliches Empfinden – Der Ursprung unserer Wertvorstellungen. Von: Klaus-Dieter Sedlacek (Hrsg.)

– Ist echte Erkenntnis möglich? Einführung in die Erkenntnistheorie. Von: Prof. Dr. Erich Becher u. K.-D. Sedlacek (Hrsg.)

– Das individuelle Ich: Was ist der Kern des Selbstbewusstseins? Von: Th. Lipps u. K.-D. Sedlacek (Hrsg.).

– Persönlichkeit und Unsterblichkeit: In welcher Form existiert ein Weiterleben nach dem zeitlichen Ende? Von: Wilhelm Ostwald u. K.-D. Sedlacek (Hrsg.)

– Die idealistischen Grundwerte unserer Kultur. Von Johannes M. Verweyen u. K.-D. Sedlacek (Hrsg.)

– Was sind Wirklichkeiten? Aufgedeckte Naturgeheimnisse. Von Kurd Laßwitz u. K.-D. Sedlacek (Hrsg.)

BEWUSSTSEIN

– Leben nach dem Leben: Befreiung des Bewusstseins von den Fesseln der Zeit. Von: K.-D. Sedlacek

– Quantenbewusstsein. Von: N. Wrobel u. K.-D. Sedlacek

– Synthetisches Bewusstsein. Von: K.-D. Sedlacek

– Unsterbliches Bewusstsein: Raumzeit-Phänomene, Beweise und Visionen. Von: K.-D. Sedlacek

LEBEN UND MEDIZIN

– Leben aus Quantenstaub. Von: N. Wrobel u. K.-D. Sedlacek,

– Was ist Krankheit? Von: N. Wrobel u. K.-D. Sedlacek

– Bewusstsein und Unsterblichkeit. Von: C. L. Schleich u. K.-D. Sedlacek (Hrsg.)

– Die Lebenskraft: Wie Enzyme, Bewusstsein und quantenbiologische Effekte das Leben regulieren. Von: K.-D. Sedlacek u. N. Wrobel,

– Die verborgene Ordnung des Weltsystems. Neue Erkenntnisse über die schöpferischen Kräfte der Natur. Von: Dr. h. c. Raoul Francé u. K.-D. Sedlacek (Hrsg.)

– Homöopathie und Praxis: Naturheilkundliche alternative Medizin für den mündigen Patienten. Von: Dr. med. J. Voorhoeve u. K.-D. Sedlacek (Hrsg.)

– Eine andere Sicht auf die Entstehung der sporadischen Form der Alzheimerkrankheit. Von Norbert Wrobel u. K.-D. Sedlacek (Hrsg.)

– Bleib beweglich und fit ohne Geräte. Leichte ärztliche Zimmergymnastik für jedes Alter. Von Moritz Schreber.

– Plötzlich gesund. Medizinische Wunderheilungen und die Macht organische Leiden psychisch zu beeinflussen. Von Erwin Liek.

PSYCHOLOGIE

– Gestalt-Psychologie: Einführung in die neue Psychologie vom Begründer der Gestaltpsychologie. Von: Prof. Dr. Kurt Koffka u. K.-D. Sedlacek (Hrsg.)

– Die ersten Spuren psychischer Erscheinungen: Das psychische Leben von Mikroorganismen – Eine Studie in experimenteller Psychologie. Von Alfred Binet u. K.-D. Sedlacek (Übers.)

– Allgemeine moderne Psychologie: Systematische Einführung in die Wissenschaft psychischer Prozesse. Von August Messer u. K.-D. Sedlacek (Hrsg.).

– Strahlende Kräfte durch positives Denken: Die Wurzeln des Erfolgs und Wege zum Glück. Von Emil Peters u. K.-D. Sedlacek (Hrsg.)

– Neue praktische Menschenkenntnis. Ein Ratgeber zur Menschenbehandlung mit zahlreichen Bildern und Beispielen. Von Johannes Maria Verweyen.

– Massenpsychologie am Beispiel Jan Bockelsons. Geschichte eines Massenwahns mit einer Einführung von

Sigmund Freud. Von Friedrich Reck-Malleczewen u. K.-D. Sedlacek (Hrsg.)

BIOLOGIE

– **Wie intelligent sind Pflanzen?** Sensationelle Einblicke in die geheime Seite des pflanzlichen Wesens. Von Prof. Dr. phil. Adolf Wagner u. K.-D. Sedlacek

– **Über Menschenaffen, Tierseele und Menschenseele:** Intelligenzprüfungen an Hominiden. Von Wilhelm Bölsche et. al. und K.-D. Sedlacek (Hrsg.)

GESCHICHTE, VOR- U. FRÜHGESCHICHTE

– **Die geheimnisvolle Kultur der alten Kelten.** Von Druiden, Fürstensitzen und der Lebensart unserer frühgeschichtlichen Vorfahren. Von Georg Grupp u. K.-D. Sedlacek (Hrsg.)

– **Der Alchemist Leonhard Thurneysser:** Die Lebensgeschichte des Goldmachers von Berlin. Von Klaus-Dieter Sedlacek (Hrsg.)

– **Es begann mit Feuerskraft.** Das Werden des Menschen und seiner Kultur. Von Carl W. Neumann u. K.-D. Sedlacek (Hrsg.)

– **Gefangen zwischen Eisschollen:** Die dramatische Entdeckungsgeschichte der Antarktis. Von Klaus-Dieter Sedlacek (Hrsg.)

RATGEER

– **Kultur erleben mit den Wohnmobil in Frankreich:** Vierzig kulturelle Highlights, Park- und Übernachtungspätze sowie Navigationskoordinaten. Von Klaus-Dieter Sedlacek

– **Kochbuch für ganze Kerle:** Kräftige und Feinschmeckergerichte für Freizeit und Camping. Von K.-D. Sedlacek (Hrsg.)

– **Der Weg zu Wohlstand und Reichtum:** Goldene Regeln für den Aufbau einer selbständigen Existenz. Von P.T. Barnum u. K.-D. Sedlacek (Hrsg.)

– **Die Kultur der Azteken:** Mit einem Anhang Große Landesausstellung Baden-Württemberg „Azteken" im Lindenmuseum. Von William Prescott.

FORSCHUNGSREISEN U. ABENTEUER

– **Meine erste Weltumseglung:** Tagebuch einer epochalen Expedition. Von James Cook u. K.-D. Sedlacek (Hrsg.)

– **Exotische Reise durch Persien:** Abenteuerlicher Bericht aus einer fremdartigen Welt des 19ten Jahrhunderts. Von Pierre Loti u. K.-D. Sedlacek (Hrsg.)

– **Mit der Beagle um die Welt:** Bericht meiner Forschungsreise zum Galapagos-Archipel. Von Charles Darwin u. K.-D. Sedlacek (Hrsg.)

– **Peking-Paris im Automobil:** Die legendäre 16.000 km – Rallye 1907. Von Luigi Barzini u. K.-D. Sedlacek (Hrsg.)

EBOOK-REIHE "WISSEN UND WIRKEN"
Nr.;Titel;Untertitel;Autor

1: Herrscher über die Natur ; Anfänge der Naturbeherrschung - Frühformen der Mechanik - und der Erfindungsgeist der Naturvölker ;Von Weule, Karl

2: Was man über Chemie wissen sollte ; Chemie im täglichen Leben ;Von Cohn, Lassar

3: Gesundheitsschädlicher Bio-Feinstaub ; Die Biologie des atmosphärischen Staubes (Aeroplankton) ;Von Molisch, Hans

4: Transzendenz und Unendlichkeit; Die Welt- und Lebensanschauungen eines Physikers ;Von Weinstein, Max Bernhard

5: Der Traum vom Perpetuum mobile ; Über die Wechselwirkungen der Naturkräfte ;Von Helmholtz, Hermann von

6: Babel und Bibel; Vortrag über die babylonischen Wurzeln der Bibel ;Von Delitzsch, Friedrich

7: Der Mann, der "Ich denke, also bin ich" sagte ;Eine kurze René Descartes Biografie ;Von Sedlacek, Klaus-Dieter (Hrsg.)

8: Astronomische Miniaturen ; Einführung in die Fixsternastronomie ;Von Strömgren, Elis

9: Wie Zufälligkeiten das Leben bestimmen ; Über den Zufall und den alles durchdringenden Geist ;Von Lasson, Adolf

10: Optische Täuschungen ; und Illusionen, sowie ihre Ursachen ; Von Reuss, August von

11: Der Arzt Robert Mayer ; und seine Entdeckung der Energieerhaltung in thermodynamischen Systemen ; Von Lippmann, Edmund Oskar von

12: Relativitätstheorie und Philosophie ; Über die natur-logische Deutung empirischer Ergebnisse ;Von Driesch, Hans

13: Zur Psychologie der prähistorischen Kunst ; Der tiefgreifende Umschwung im menschlichen Geistesleben ;Von Verworn, Max

14: Sympathie und Antipathie ; Wie der Geruchssinn unsere Gefühle steuert ;Von Jaeger, Gustav

15: Der Ursprung des Lebens ; Hypothesen und neue Erkenntnisse ;Von Preyer, William

16: Tierleben der Tiefsee ; Aus dunklen Tiefen ans Licht geholt ;Von Seeliger, Oswald

17: Die Psychoanalyse des Organischen ; Sechs Vorträge und Aufsätze vom Wegbereiter der Psychosomatik ;Von Groddeck, Georg

18: Giordano Bruno ; Seine Lebensgeschichte ;Von Riehl, Alois

19: Highlights Keltischer Kunst ; Ornamentale Ideoplastik ;Von Verworn, Max

20: Klimaänderungen und Klimaschwankungen ; Ursachen, historische Fakten und kosmische Einflüsse, sowie ein Anhang "Mittelalterliche Warmzeit" ;Von Brückner, Eduard; Hann, Julius

21: Liebesbeziehungen und deren Störungen ; Lebensführung nach den Grundsätzen der Individualpsychologie ;Von Adler, Alfred

22: Ägypten zur Zeit der Pyramidenbauer ; Mit 16 Abbildungen im Text und 17 Bildtafeln ;Von Meyer, Eduard

23: Theophrastus Paracelsus ; Der Wegbereiter neuzeitlicher Medizin ;Von Kahlbaum, Georg W. A.

24: Endziel Weltfrieden ; Die Organisation der Welt ;Von Schücking, Walther

25: Kann das Geld abgeschafft werden; Volkswirtschaftliche Zusammenhänge und Tatsachen ; Von Cohn, Dr. Arthur Wolfgang

26: Der Konflikt der modernen Kultur; Vortrag 1921; Vom Kulturphilosophen Georg Simmel

27: Mrs. Hills Spezialrezepte für selbstgemachte Pralinen und anderes Konfekt; 46 Home Made Candys aus Uromas Küche; Von Mrs. Janet McKenzie Hill

Buchshop: